__________o__________

Dos ensayos sobre el Jules Verne religioso y esotérico

Dos ensayos sobre el Jules Verne religioso y esotérico

José Gregorio Parada R.

Índice general

Una mirada al mundo religioso de Jules Verne

(Con este ensayo, el autor obtuvo el primer lugar en la mención ensayo del Concurso literario de la Alcaldía de Girardot, Maracay (Aragua, Venezuela) en 2005. El mismo será publicado por la mencionada institución en 2006).

A manera de introducción

Desde hace algunos años el interés por el estudio de la obra de Jules Verne parece retomar fuerzas. A pesar de que la tradición tiende a clasificarlo entre los autores de literatura marginal, Jules Verne continúa siendo uno de los escritores franceses más traducidos y leídos en el mundo entero.

Mucho se ha dicho a propósito de la relación entre Jules Verne y la ciencia, pero cuando intentamos hablar de la religión en su obra de inmediato surge la pregunta capital: ¿Ocupa la religión en Verne un lugar preponderante hasta el punto de merecer un estudio profundo? Claro que sí, pues el "Padre y gran novelista de la ciencia-ficción" nos expone de manera más o menos disimulada toda una visión personal de la religión, enriquecida por los conceptos filosóficos de su época y que aquí nosotros intentaremos abordar.

Este trabajo no pretende ser un análisis exhaustivo de la cuestión religiosa en Verne. Nuestra intención es demostrar que los hechos biográficos y el contenido de sus novelas permiten estudiar al autor desde la arista religiosa. Dado que el corpus es muy vasto (Verne escribió más de cincuenta novelas), nos hemos limitado a seis obras en las cuales lo religioso, a nuestro parecer, juega un papel primordial. A saber: *La Vuelta al Mundo en ochenta días* (LVM), *El Castillo de los Cárpatos* (ECC), *La Isla Misteriosa* (LIM), *Viaje al Centro de la Tierra* (VCT), *Las Tribulaciones de un chino en China* (TCC) y *Las Indias negras* (LIN). Las dos últimas son novelas poco conocidas o investigadas.

A propósito de la cuestión religiosa en Verne pocos han sido los trabajos que se han escrito. Hay que citar en particular a Simone Vierne quien ha estudiado la iniciación en Verne y Michel Lamy cuyas investigaciones han permitido establecer la relación entre el autor y ciertas sociedades secretas.

La religión en Verne

La concepción de Verne a este respecto, según nuestra lectura y opinión, es muy personal. En sus novelas Dios parece perder la importancia que la Teología le concede. Al contrario, el hombre, con frecuencia autónomo e inventivo, llega a ocupar el centro de interés. Baste citar a Ciro Smith, al capitán Nemo o a Fogg.

Cada personaje tiene sus propias convicciones; la mayoría no pertenece a ninguna religión. Sin contar algunos sacerdotes y las descripciones de ritos del culto budista en China e India, no se encuentra en Verne ninguna referencia a cultos "voluntarios, organizados y prolongados" según lo expresa la Teología. El Ser bienhechor de la Isla Misteriosa no se somete al orden divino, sin embargo, se convierte en el objeto de alabanza de Harbert y Pencroff. Nemo será así el Dios-Hombre que proporciona auxilio y protección a los colonos.

Ciertos héroes vernianos crean en ellos una actitud de respeto hacia el Creador. El profesor Lidenbrock está tan sobrecogido por la magnificencia de la creación que confiesa un sentimiento de infinito respeto. Otros personajes poderosos y ricos, como Nemo, no tienen temor de Dios.

Verne, en la voz del narrador, no habla del "Principio Creador" bajo el nombre de Dios. Prefiere imitar a los masones y utilizar un término más neutro: *La Providencia*. Sin embargo, en boca de los personajes, no duda en colocar frases como "gracias a Dios", "que Dios lo escuche"... Rara vez vemos otras denominaciones sustituyendo el concepto en cuestión: "¿... no era como un favor del Cielo?"[1], "la naturaleza es obra del *Creador*...".

Una de las características comunes a la mayor parte de los personajes de Verne es, sin duda alguna, la bondad, que nosotros consideramos como el núcleo de la propuesta religiosa del autor: hacer el bien sin esperar ninguna recompensa.

"A la orden" cual buen Rosacruz, Fogg viaja haciendo el bien

---

[1] Jules Verne: *Las Indias Negras*. Edit. de Poche. París, s/f. p. 170.

y siguiendo la máxima esotérica *"transire benefaciendo"*, a pesar de la opinión del brigadier general Cromarty según la cual la apuesta de Fogg no es sino una excentricidad sin propósito útil: *"Él ganaba frecuentemente, pero sus ganancias no entraban nunca en la bolsa y figuraban en suma importante en su presupuesto de caridad"*[2]. El acto de compasión que él hace a la mendiga antes de partir prueba suficientemente que Fogg tiene buen corazón[3]. A esta cualidad del excéntrico inglés hay que agregar la honestidad y la lealtad (LVM p. 154 y 156).

A fin de equilibrar la balanza de opuestos, el bien es acompañado por el mal, encarnado entre otros personajes por el barón de Gortz y Silfax, el último penitente *en Las Indias Negras*. Este nos es presentado como Lucifer: He aquí el Padre de la Trinidad infernal frente al Dios del sol. Fax es la antorcha, la llama, el fuego. "Sileo" significa callarse, hacer silencio. *"Silfax es el otro nombre de Lucifer, el que lleva la luz; el otro nombre de la instancia que no dice nada, que no tiene la palabra y que lleva a todo lugar las fuerzas explosivas de la llama..."*[4]. Él es el Todopoderoso de la mina. Es viejo pero no tiene edad. Para Simón Ford "el hombre de la lechuza" es una especie de salvaje al que no asusta nadie ni nada, ni el agua ni el fuego. Su fuerza es prodigiosa[5]. La descripción que Nell hace de Silfax es reveladora:

> Está por todos lados y en ninguna parte. Nunca conocí sus escondites. Nunca lo vi dormido. Cuando había encontrado algún refugio, me dejaba sola y desaparecía... Es

---

[2] Jules Verne: *La Vuelta al Mundo en ochenta días*. Manchecourt, Pocket Classique. 1998. p. 22.

[3] Otro ejemplo remarcable: Las mil libras sobrantes de la apuesta las reparte entre Passepartout y Fix, el agente que lo persigue alrededor del mundo y lo arresta a su llegada a Londres.

[4] Michel Serres: *Jouvances sur Jules Verne*. Edit. de Minuit. París, 1974. p. 31.

[5] Jules Verne: LIN. p. 218.

> invisible pero ve todo. Pregúntese cómo habría descubierto sus pensamientos más secretos... si él no tenía la inexplicable facultad de saberlo todo... Es un hombre con mente poderosa... Él ha querido inspirarme su odio contra la humanidad entera...[6].

De la misma manera que hay un premio para los buenos, hay un castigo para aquellos que hacen el mal. Según Verne, los pecados son expiados aquí mismo en la Tierra. El abandono de un malhechor en una isla desierta como el desventurado Ayrton, náufrago del Capitán Grant, o el sufrimiento de Kin-Fo, por ejemplo, son dos formas diferentes de castigo. La de Ayrton parece un largo purgatorio, dadas las condiciones en las cuales se encuentra cuando Ciro Smith y sus compañeros lo hallan en la Isla Tabor. Arrepentido tal vez de sus malas acciones, Ayrton deja caer una lágrima de sus ojos. Las palabras de Smith son contundentes: "*Ah, ahí estás, pues, vuelto hombre otra vez ya que has llorado*"[7]. El capitán Nemo, genio de los océanos, vuelve a ser hombre también cuando llora por su familia y por los remordimientos de haber dado muerte a sus enemigos. "*Dios es el único juez*", es la sentencia del ingeniero. Nemo y Silfax terminan tragados en las profundidades "*sin duda como todos los que retan a Dios*"[8]. De la misma manera, Kin-Fo, aunque no causa mal a los demás, desprecia su vida y esto merece, según el filósofo Wang, una lección, un castigo. La infracción cometida por Passepartout en el templo hindú no queda sin ser pagada.

Le-Ou, en *Las Tribulaciones de un Chino en China*, cumple

---

[6] ibid. p. 225.

[7] Jules Verne: *La Isla Misteriosa*. Le livre de Poche. París, 1984. p. 524.

[8] Simone Vierne: *Jules Verne: Mythe et Modernité*. Puf-écrivains. París, 1989. P. 99.

con todos los actos de la religión: los interiores y los exteriores[9]. Sin embargo, la mayor parte de los personajes recurren solo a la oración como gesto de agradecimiento. El acto de elevar el alma hacia el Creador para implorarle o agradecerle aparece con regularidad en Verne. *"Frente a los elementos desencadenados, el hombre puede ciertamente invocar a Dios, pero sus conocimientos y su prudencia le serán más útiles; es él mismo quien debe buscar las soluciones a los enigmas de su destino"*[10]. Para agradecer a la Providencia por haberlos recompensado enviándoles una caja con diferentes objetos, los colonos de la Isla Lincoln dirigen una oración al cielo. Notamos, sin embargo, que según los términos de Verne, *"hasta entonces transformando los productos de la naturaleza, ellos habían creado todo por sí mismos y, gracias a su inteligencia, habían resuelto sus problemas"*[11]. Entre los diferentes objetos encontrados en el baúl hay una Biblia. El narrador cita el Evangelio según San Mateo (v.8, c. VII) aplicable a la situación de los colonos: *"El que pide recibe y el que busca encuentra"*. Poco tiempo después van a elevar una plegaria por el benefactor Nemo que entregará su alma al Creador.

Axel, perdido, en el sentido estricto de la palabra, piensa en el auxilio del cielo, su último recurso: *"Los recuerdos de mi infancia, los de mi madre que apenas conocí cuando me besaba, vinieron a mi memoria. Recurrí a la oración, a las pocas cosas que yo había oído decir del Dios al cual me dirigía tan tarde. Yo le imploraba con fervor. Este regreso a la Providencia me calmó un poco y yo pude entonces concentrar todas las fuerzas de mi inteligencia en mi*

---

[9] La religión posee dos tipos de acto: los actos interiores y los actos exteriores. Los primeros son: la devoción –presteza en el servicio y culto rendido a Dios– y la oración, elevación del alma al Todopoderoso. Los actos exteriores son las expresiones del cuerpo como la adoración (arrodillarse, prosternarse) o los dones que el hombre ofrece: sacrificios, oblaciones, dádivas, votos o bien las promesas (*Diccionario de la espiritualidad.* Beauchesne. París, 1988. p. 304).

[10] Jean Paul Dekiss: *Jules Verne: le rêve du Progrès.* Découvertes Gallimard. París, 1991. p. 82

[11] Jules Verne: LIM, p. 324.

situación"[12].

El otro conjunto de conceptos de opuestos está formado por la muerte y la vida. J. P. Picot precisa que en Verne la muerte está por todas partes incluso en los lugares y los paisajes mismos. Sin duda, hay una influencia notable de Edgar Poe en Verne quien también está en la búsqueda de una reflexión sobre el tiempo y la muerte.

La entrada al reino de la muerte en *Viaje al Centro de la Tierra* se acompaña de ritos de purificación: falta de agua, travesía del diamante y pérdida en el laberinto. Axel, frente a la muerte se asusta y pierde el conocimiento, imagen de una muerte simbólica. De igual, los Ford y James Starr se acercan a la muerte por una inanición que casi les arranca la vida. Aouda también se escapa de la muerte. Es el juego de las escondidas: huir constantemente de la muerte. *Las Tribulaciones de un Chino en China* son en realidad las tribulaciones de Kin-Fo huyéndole al momento supremo del paso hacia el más allá. La muerte, vista de esta manera, es un viaje, palabra clave en Verne. El mejor ejemplo lo encontramos en la última novela citada: Los sarcófagos que no esconden cadáveres sino bandidos bien vivos son transportados a bordo de la "Sam-Yep". ¡Muertos vivientes que viajan!

Después de un largo recorrido por la vida, el hombre entrega su alma al Creador y sus despojos a la naturaleza. El entierro es un acto solemne sin importar dónde tenga lugar, incluso bajo las aguas[13]. Es el momento de transición, la excelsa coyuntura hacia lo desconocido.

En *Las Tribulaciones de un Chino en China*, el gran ensayo de Jules Verne sobre la muerte, encontramos un número importante de referencias a este respecto. En el Imperio Celeste la muerte es una verdadera preocupación ya que los chinos le conceden gran importancia y para ellos el respeto por los muertos estrecha más los

---

[12] Jules Verne: *Viaje al Centro de la Tierra*. Le livre de Poche. s/l. 1984. p.214.

[13] cf. Jules Verne: *Veinte mil Leguas de Viaje submarino*. Le Livre de Poche. París, 1991. cap. XXIV y LTCC p. 87 y sig.

nexos familiares. Al contrario de lo que se piensa en los países occidentales, el suicidio es considerado un "acto legítimo" en la civilización china. Como libro formador, la novela de Verne no deja de condenar tal hecho, mal visto en occidente. De aquí se entiende "la lección" que debe aprender Kin-Fo por querer intentar contra su humanidad.

Los relatos de Verne constituyen una alegoría al ciclo eterno de la historia de la humanidad, a la vida y a la muerte que se pasean juntas. La vida cesa aquí para renacer en otros lugares. Aouda, casi muerta, resucita purificada de manera simbólica por el fuego para instalarse en Londres; a la par, los colonos de la Isla Lincoln que también regresan renovados por el fuego y otras pruebas a su país natal. Por cierto, el huevo, principio de la vida es la primera comida de los colonos, como para introducirnos así en la cosmogonía de su mundo. De manera análoga, en *Viaje al Centro de la Tierra*, la comida final es una última cena muy significativa en las palabras de Lidenbrock: "*Esta comida será la última. ¡Que así sea! Pero en lugar de agotarnos, volveremos a ser hombres*"[14].

Sugerida mas no enunciada, la vida prosigue y se renueva como en los cuentos de hadas gracias a los matrimonios. Estos son, en Verne, más numerosos de lo que solemos pensar. Figurada la vida se nos presenta bajo formas diversas: La voz de Stilla es la vida para el Barón de Gortz y, por qué no, la de Franz "*cuando él escucha la voz de la gran artista... puesto que retoma su lucidez de antes, parece que su alma intentara revivir los recuerdos de ese pasado inolvidable*"[15]. La Tierra misma es un ser vivo. "Aberfoyle no está más que dormida... no es sino un reposo, no es la muerte"[16]. Y... naturalmente, la sangre, el elemento vital divino que anima al cuerpo, es la imagen fundamental de la vida que bebe Axel antes de desmayarse.

---

[14] Jules Verne: VCT. p. 345.

[15] Jules Verne: *El Castillo de los Cárpatos*. Le livre de Poche. París, 1991. p. 240.

[16] Jules Verne: LIN. p. 49.

Las religiones en Verne

En la obra de Verne conseguimos párrafos enteros que hacen alusión a varias religiones. En *La Vuelta al Mundo en ochenta días*, Verne hace un verdadero viaje hacia la tradición religiosa de la India. Nos presenta a los Parsis, *"descendientes directos de los sectarios de Zoroastro que son los más diligentes, civilizados, inteligentes y austeros de los indios..."*[17]. El guía que conduce al elefante Kiuni y que participa en el rescate de la india es Parsi. De igual manera Aouda pertenece a la comunidad Parsi, razón por la cual Verne habla, desde el capítulo XIX y a todo lo largo de la travesía por la India, de usos y tradiciones del grupo religioso de origen persa.

Phileas Fogg debe luchar contra Aureng-Zeb, jefe de los Thugs, los estranguladores seguidores de la diosa Kali, "diosa del amor y de la muerte" que representa el aspecto negro devorador y sanguinario de la doctrina que debe combatir también todo rosacruz.

La descripción de la procesión de los brahmanes, aunque cuidadosa no es imparcial: *"Alrededor de la estatua se agitaba, se movía, se convulsionaba un grupo de viejos faquires... energúmenos estúpidos..."*[18]. Es la posición del colonialismo del siglo XIX.

Sin ninguna razón aparente, Verne habla de los judíos de manera bastante negativa, antisemita para decirlo mejor[19]. La única excepción es Jonás, dueño del albergue de Werst. Sin embargo, en su

---

[17] Jules Verne: LVM. p. 75.
El Mazdeísmo, fundado por Zaratustra, cuenta entre sus fieles, a los Parsis, quienes abandonaron a Persia para ir a la India después de la invasión musulmana. Después del renacimiento mazdeista que tuvo lugar en el siglo XIX, los Parsis, son para muchos, practicantes fieles. El culto es celebrado en numerosos templos del fuego.
[18] ibid. p. 96.
[19] cf Hebert R. Lottman: Jules Verne, Grandes Biographies Flammarion. s/l. 1996. cap. XXV y XXVII.

presentación, Verne insiste en prejuicios antisemitas. Esto vale la pena ser citado:

> Un hombre valiente... dadivoso y servicial que prestaba con gusto pequeñas sumas a unos y a otros sin mostrarse exigente con las garantías, ni tan usurero con los intereses aunque le importaba mucho el pago en la fecha prevista por el deudor. ¡Ojalá que los judíos establecidos en el país transilvano sean siempre tan flexibles como el posadero de Werst! Desgraciadamente el excelente Jonás es una excepción. Sus correligionarios de culto, sus cofrades de profesión -porque todos son cabareteros que venden bebidas y comestibles- practican la labor de prestamistas con una codicia preocupante para el futuro del campesino rumano. Veremos pasar el suelo de la raza autóctona a la raza extranjera. Por no reembolsar sus deudas, los judíos llegarán a ser propietarios de hermosos cultivos hipotecados a beneficio suyo y si la tierra prometida ya no está en Judea, tal vez figurará un día en los mapas de la geografía transilvana[20].

Imaginarios o reales, los templos mantienen siempre en Verne el lado místico engrandecido por el misterio y la magnificencia característica de toda obra consagrada a la alabanza del Creador. Esto puede verse con frecuencia en *La Vuelta al mundo en ochenta días*. En *Las Indias negras* en repetidas oportunidades Aberfoyle es comparada con una catedral:

---

[20] Jules Verne: ECC. p. 47.

> Un laberinto de galerías, más elevadas que las bóvedas más altas de las catedrales, las otras parecidas a contranaves, retorcidas y gruesas... Las termitas humanas nunca habían roído esta porción del subsuelo de Escocia y era la naturaleza que así había hecho las cosas... Ningún hipogeo de la época egipcia, ninguna catacumba de la época romana, no se le habría podido comparar...[21]

En la misma novela, la capilla de la ciudad subterránea lleva el nombre de "San Gil", patrón de la Sociedad Angélica (de la que hablaremos más adelante) fundada por el impresor leonés Gryphe en el siglo XVI.

La lista de templos en *La Vuelta al Mundo en ochenta días* y en especial en *Las Tribulaciones de un Chino en China* es tan nutrida que el único hecho de citar los nombres ocuparía varios párrafos de este ensayo. Tampoco hay que olvidar la alusión a libros sagrados como La Biblia, el Talmud, el I Ching, entre otros. A nuestro parecer, una cantidad tan grande de referencias en *Las Tribulaciones de un Chino en China* sirve para preparar el ambiente y así presentarnos una obra rica en filosofía de vida y un pasaporte abierto a la historia de la religión en ese país, pasando por Confucio, Buda y otros tantos reformadores.

Las novelas de Verne crean una especie de fascinación gracias a la ingeniosidad de sus máquinas, pero también al encanto y a la magia del universo fantástico. Provoca un sueño que lleva el espíritu muy lejos de nuestras fronteras. *"Ya no se sabe muy bien si el castillo de los Cárpatos es animado por una maquinaria o si está habitado por el diablo, si el Nautilus pertenece al mundo de los navíos o al de los monstruos marinos"*[22].

A pesar del deseo permanente de Verne por mostrarnos el

---

[21] Jules Verne: LIN. p. 86.
[22] Michel Lamy: op. cit. p. 14.

progreso científico y la presencia innovadora de la máquina en la vida del hombre, se concede también una importancia a lo fantástico y al universo de las leyendas y supersticiones. Todos los fenómenos inexplicados de sus novelas obedecen a una razón de orden científico y racional y las creencias y supersticiones populares se hacen presentes para prestar servicio a lo fantástico y porque —así lo creemos—- Jules Verne quiere mostrarnos, a propósito, este mundo de tradiciones que, al fin de cuentas, es el alma de los pueblos.

En *El Castillo de los Cárpatos* abundan relatos de este tipo: El magistrado afirma "con conocimiento de causa" que los hombres-lobo corren por el campo, que los vampiros se beben la sangre humana y que los "staffi" vagan por las ruinas y llegan a ser malhechores si uno olvida traerles todos los atardeceres algo de comer y beber. Hadas, dragones, "zmei" de alas desmesuradas que raptan las doncellas de sangre real, todos estos seres estaban en las creencias populares de la gente de Werst[23].

Alrededor del castillo, donde habita el "Chort", hay toda una nube de leyendas que lo protegen de la mirada y presencia de los indiscretos. "*Expandía a su alrededor un espanto epidémico, como un pantano insalubre expande miasmas pestilentes. Acercarse a un cuarto de milla hubiese sido arriesgar la vida en este mundo y la salvación en el otro*"[24].

La lista de ejemplos es larga[25] y sirve para establecer el corpus del que Verne saca un provecho extraordinario. Es capital señalar que al lado del creyente encontramos siempre la figura racional que intenta dar otra explicación a los "fenómenos". Es el caso de Franz de Telek: "*Pienso que este país es muy supersticioso, que los huéspedes del castillo lo saben y que han querido prevenir de esta manera la visita de inoportunos*"[26]. Si aquí agregamos la voz del

---

23 Jules Verne: ECC. p. 26.
24 ibid. p. 27.
25 cf. Jules Verne: ECC pp. 28, 36, 53, 86, 89, 101...
26 Jules Verne: ECC. p. 132.

narrador, la balanza está a favor de la racionalidad y del espíritu meramente positivista: *"Que el lector tenga a bien ponerse en una disposición de espíritu idéntica a la de la gente de Werst y ya no se sorprenderá de los hechos que van a relatarse posteriormente. No le pido que crea en lo sobrenatural sino que se acuerde que esta población ignorante sí cree y sin reserva"*[27].

Las Indias negras es una pequeña enciclopedia sobre creencias en Escocia cuyo resumen se encuentra en el capítulo VI:

> ... es incluso el país de los espíritus y de los que regresan, de los duendes y de las hadas. Aquí aparece siempre el genio malhechor..., el "seer" de los highlanders, que por don sobrenatural predice las muertes próximas, el "may Moullach" se muestra bajo la forma de una joven y previene a las familias de los males que les amenazarán, el hada "Branshire" anuncia los eventos funestos, los "Brawnies" a quienes se les confía el cuidado del mobiliario doméstico...[28].

Estos relatos innumerables vienen de la boca de Jack Ryan, especie de trovador que canta por doquier leyendas y tradiciones escocesas. Para él todos los misterios de la mina encuentran una razón en los seres sobrenaturales. Al contrario, Harry Ford no admite ninguna explicación sobrehumana para los eventos físicos. He aquí de nuevo el espíritu racional frente al supersticioso. El último termina por convencerse de que los misterios no son consecuencia de las fuerzas naturales. Jack Ryan es una persona sencilla que no tiene las mismas preocupaciones que Harry. *"Dichosos los pobres de espíritu: El Reino de los cielos les pertenece"*, dice el Nuevo

---

[27] ibid. p. 47.
[28] Jules Verne: LIN. p. 58
cf. pp. 59, 60, 104, 108, 110, 125, 198...

Testamento. Así es el espíritu de Jack Ryan. Oigámosle cuando se dirige a Harry: "*¡Mi pobre Harry! Si tú pusieras todo eso, como lo hago yo, en la cuenta de los duendes de la mina, tendrías el espíritu más tranquilo*"[29].

Restringidos por el espacio no hablaremos en este ensayo de múltiples temas tocantes a la religión, el esoterismo, los personajes y su comportamiento religioso particular, la iniciación, la alquimia, el viaje a los infiernos, las pruebas, el viaje como iniciación, el simbolismo... Nos acercaremos más bien, en las restantes líneas, al propio Jules Verne, resaltando datos biográficos que dan pistas sobre posibles nexos entre el autor y la Francmasonería y los rosa-cruces.

Para Simone Vierne hasta ahora no su ha probado que Jules Verne haya pertenecido a alguna logia de la Francmasonería en cualquiera de sus expresiones: "Vemos muy mal por cierto el hecho de que hoy en día esto se mantenga en secreto. Se encontró el certificado de masonería de su amigo el músico Hignard, lo que muestra, al menos, que (Verne) no ignora lo que los no iniciados podían saber en el siglo XIX sobre la célebre pero secreta sociedad"[30].

Como ya hemos señalado, nuestro interés estriba en mostrar que al menos Verne tuvo una influencia de tipo esotérico en su vida y obra. Numerosas huellas así lo revelan.

¿Cuál es entonces la religión de Verne y cuáles son sus creencias personales? Veamos.

Jules Gabriel es el hijo mayor de Pedro Verne. Recibe su unción al nacer en febrero de 1828 en Nantes. Sin embargo, la ceremonia del bautismo es retrasada hasta el primero de mayo con el consentimiento del obispo para que pasara el invierno y no obligar así a los abuelos paternos a emprender el largo viaje desde Provins. La ceremonia se celebra en la iglesia de Sainte-Croix.

---

[29] ibid. p. 138.
[30] Simone Vierne: op. cit. p 117.
Para Michel Lamy no hay duda posible a este respecto.

Aprende a leer y a escribir con la Sra. Sambin, viuda de un capitán de experiencia y con su hermano Pablo como interno con los religiosos en la escuela Saint-Stanislas. Prosigue sus estudios en el pequeño seminario donde la burguesía cristiana de Nantes prefiere enviar sus retoños, acusando al liceo de ser hogar de libre pensamiento. Jules, alumno regular, no soporta muy bien la disciplina religiosa, deja el pequeño seminario y obtiene el bachillerato en el liceo real antes de comenzar sus estudios de derecho[31].

En 1851, ya en París desde hace algunos años y más maduro e independiente de la influencia paterna, Jules Verne comienza a expresarse de una manera crítica respecto a la religión.

Lo que habría podido ser una mala noticia, en otras circunstancias, no tuvo ningún efecto en sus proyectos. Un abogado, con el que Verne debía hacer pasantías, murió, lo que ponía término al compromiso que habría podido adquirir (al menos vis-à-vis de su padre). La muerte y el entierro suscitan en él algunos pensamientos subversivos concernientes a la religión y no se siente suficientemente emancipado para compartirlos con su padre tan devoto. "Acaso... que un hombre rico cuya familia puede pagar muchas oraciones, misas, servicios, etc., tenga más oportunidad de quedarse menos tiempo en el purgatorio que un pobre diablo cuya muerte no enriquece a

---

[31] Jean-Paul Dekiss: op. cit. p. 17.

nadie[32].

Uno de sus contemporáneos, Duquesnel, que trabaja en la Bolsa para ese mismo momento, dice de Verne que de su origen bretón guardó, toda su vida, la mentalidad católica[33].

Hetzel, su editor, ejerce una influencia importante sobre el autor. Estos personajes se encuentran por primera vez en el otoño de 1862. Hetzel, ferviente partidario del Estado laico y republicano, acaba de crear una casa editorial y con la idea de lanzar una colección de libros para niños, solicita la opinión de su antiguo camarada y educador Juan Macé, fundador de la Liga Francesa de la Enseñanza. Macé sirve pues de censor del editor Hetzel y en cierta medida del autor Verne. Macé, francmasón, miembro de la Logia "Alsacia-Lorena" de París, emprende con otros correligionarios una lucha por el progreso de la información y la difusión de conocimientos y crea también bibliotecas populares. A partir de 1868 algunas logias masónicas ayudaron a la Liga de la Enseñanza mientras que el clero resultó ser muy hostil. A lo largo de sus reuniones principales llamadas "conventos" (1882, 1900 y 1929), la Federación del Gran Oriente afirma que la Liga de la Enseñanza es una filial de la Masonería[34].

El músico Hignard, amigo de Verne y con quien hace su primer desplazamiento a Escocia, es masón. Por cierto, en la relación inédita del diario de viaje por Inglaterra y Escocia ostentado por los herederos de Jean-Jules Verne, se cita a los templos masónicos encontrados a lo largo del viaje.

Gracias a Hetzel, Verne es puesto en contacto con anarquistas importantes como Eliseo Reclus, geógrafo y francmasón, miembro de la logia "El Renacimiento".

---

[32] Herbert R. Lottman: op. cit. p. 52
[33] Ibid. p. 100.
[34] Jean Pierre Bayard: *La Spiritualité de la Franc-Maçonnerie*. Edit. Dangles. París, 1982. Primer capítulo.

La literatura para jóvenes se encuentra entonces en manos de la Iglesia Católica. Hetzel quiere cambiar no solo el aspecto sino también el fondo de "estos libros sin gusto ni perfume". No obstante, consciente de su rol y sabiendo que una buena parte de sus lectores son católicos, Hetzel va a modelar en este sentido y en cierta medida, los escritos de Verne. La correspondencia asidua entre ambos así lo demuestra. Es Hetzel, nos dice Herbert Lottman, quien agrega pinceladas piadosas a los relatos de Jules Verne. Todas las notas irónicas sobre la religión son suprimidas por el editor. Verne dirige desde 1864 con Macé la *Revista de Educación y Recreación* de Hetzel. En una carta a este último, Verne dice de Macé: "Lo aprecio y le debo más que a Usted... Él es mi director especial"[35].

Con sobrada razón no podemos afirmar que la relación entre Verne y Macé es suficiente para ver una influencia de tipo masónico en su obra. Hay, claro está, otros indicios.

Verne desarrolla todo un sistema de códigos como para esconder en ellos una parte de su vida o un secreto. Los retruécanos, anagramas, metagramas y palíndromos presentes y dispersos en toda su obra, constituyen a la vez lo lúdico del autor y una clave importante para la comprensión de su obra. Se trata de un medio para dar un segundo sentido al relato. Este lenguaje escondido se acerca del que emplean las sociedades secretas y esotéricas. Es, sin embargo, el criptograma el que determina la característica principal del lenguaje iniciático de Verne. Sus obras comienzan con frecuencia con un mensaje indescifrable encontrado por casualidad. El mensaje, siempre incomprensible a priori, es la clave de la novela[36].

Un paréntesis importante nos permitirá agregar que las ficciones de Verne son verdaderos relatos de iniciación. La mayor parte sigue rituales iniciáticos masónicos.

Dios, el Ser Supremo, el Creador y conservador del

---

[35] Michel Lamy: op. cit., p 55.
[36] Cf. Michel Lamy: op. cit., p. 25 y sig.

mundo, es denominado por los francmasones "el Gran Arquitecto del Universo", "el Gran Relojero Cósmico", "el Gran Regulador del caos". Verne, imitándoles, evita con bastante frecuencia el nombre de "Dios". Prefiere un sustantivo más neutro: "Providencia".

Según Michel Lamy, *Las Indias negras* le bastaría para probar la pertenencia de Jules Verne a la Francmasonería, en especial a la rama escocesa. James Starr, uno de los héroes de la historia, nos recuerda el nombre de James Stuart (James I, rey de Gran Bretaña y Gran Maestro de los masones activos ingleses hacia 1603). Starr vive en Edimburgo, en la calle Canongate, donde en tiempos remotos tenía su sede la nobleza inglesa. Al final de la misma se encuentra el Palacio Real de Escocia: El Holyrood. El ingeniero Starr pertenece a una vieja familia de Edimburgo y forma parte de la sociedad de anticuarios escoceses de la cual es Presidente. La alusión a la Francmasonería es evidente cuando Verne señala: "Tenía un alto rango en este vieja capital escocesa". Para Lamy, se trata de una alusión a un elevado grado en la Francmasonería escocesa. En un grabado que Verne hace preparar para la publicación de esta novela, aparece james Starr y a su lado un libro (sin duda que se trata del Evangelio según San Juan); sobre el libro, luna te que sustituye a la escuadra y al lado, un compás[37].

Para Lamy, la "Institución Real" representa la Francmasonería escocesa instaurada por James Stuart. El presidente de esta institución se llama Sir. W. Elphiston, nombre muy revelador. El-Phiston o el Fils-Stone: Hijo de la piedra[38]. Es a Elphiston a quien James Starr advierte cuando no puede

---

[37] El Evangelio según San Juan, la escuadra y el compás son las Tres Grandes Luces de la Francmasonería.

[38] Derivado de Fils (hijo en francés) y Stone (piedra en inglés). Que se trate de la Piedra Cúbica o de la Piedra Filosofal, esta palabra es capital para los esoteristas. Verne también es él mismo "fils de Pierre", puesto que Pierre (Pedro) es el nombre de su padre.

hacerse presente a una reunión, tal como debe hacerlo todo masón a fin de prevenir al venerable de la logia en caso de ausencia.

Por otra parte, la expresión "Hijo de la viuda" ha permanecido, según el maniqueísmo, como fórmula masónica que designa a los héroes o al maestro. La mina, en la novela, se presenta como una logia ya que sus habitantes llevan el nombre de "Hijos de la viuda": "La vieja hullera va a rejuvenecer como la viuda que vuelve a contraer nupcias"[39]. Starr es prudente en extremo, haciendo del silencio su regla de oro. Harry Ford vive en las "lowlands", término equivalente a "landsdown", palabra que designa las antiguas constituciones masónicas que datan del siglo XVI. La descripción que hace Verne de Harry Ford, el hijo del *overman* [40], es bastante interesante:

> [Este] sólido compañero... guiado por su padre, impulsado por sus propios instintos... había trabajado, se había instruido en buena hora y a una edad en la que no ese es más que un aprendiz, había llegado a ser uno de los primeros de su condición en un país que cuenta con pocos ignorantes y que realiza esfuerzos por suprimir la ignorancia... El joven minero no tardó en adquirir los conocimientos suficientes para elevarse en la jerarquía de la hullera, y con toda seguridad habría sucedido a su padre en calidad de overman de la fosa Duchart, si la mina no hubiese sido abandonada[41].

---

[39] Jules Verne: LIN, p. 80.

[40] Overman etimológicamente significa "aquel que está por encima de los otros hombres". Es una especie de capataz.

[41] Jules Verne: LIN, p.29.

Sabemos bien que "aprendiz" y "compañero" son los dos grados de la francmasonería inferiores al de Maestro. Harry sería, pues, el hijo de un masón superior que recibe una enseñanza masónica más que de otro tipo, privilegio éste reservado únicamente a los hijos de los perteneciente a la logia. En cuanto al país que hace todo por suprimir la ignorancia es bien evidente que se trata de la Francmasonería escocesa que siempre expresó tal voluntad. En La Isla misteriosa encontramos una referencia, un poco enmascarada y tímida, de la francmasonería cuando Ciro Smith ata las dos ramas de acacia, vegetal que simboliza a esta ciencia[42].

Es el momento de hacer entrar al escenario a George Sand, autora y amiga de Hetzel desde 1848 y lectora asidua de Verne. Sabemos que ella va a tener una influencia importante en nuestro autor a tal punto que lleva a sugerir ese periplo "a las profundidades del mar" que hoy conocemos con el título de *20.000 leguas de viaje submarino*. La autora de Nohant había consagrado un poco de su existencia al ocultismo, conquistada por las ideas filosóficas de Pierre Leroux[43]. George Sand es también amiga de Eugenio Delacroix quien se hospeda en varias oportunidades en casa de la escritora. El famoso pintor tiene una relación directa con la Orden Rosacruz del templo del Grial, fundada en 1881.

Mauricio Barrés, amigo de Stanislas de Guaita, fundador de la Orden Kabalística Rosacruz nos dice de Verne: *"Este maestro no quería ser para nosotros sino un hermano mayor"*[44]. ¿No querría referirse al cenáculo de los Hermanos Mayores de la

---

[42] "Estar bajo la acacia" significa ser masón en pleno ejercicio.

[43] Pierre Leroux (1797-1871): político francés, periodista, fundador del "Globo" (1824). Socialista influido por el sansimonismo, da un toque cristiano a sus teorías sociales. Leroux estaba en la búsqueda de una nueva religión que debía suplantar al cristianismo y que enseñara la reencarnación de las almas.

[44] Michel Lamy: op. cit., p. 134.

Rosacruz?

El análisis de Phileas Fogg para María Helena Huet en el primer volumen de la *Revista de Letras Modernas*, corresponde a la de un "rosacruz"[45]. Fogg trasciende el tiempo: *"Un Byron que habría vivido mil años sin envejecer"*. ¿Es Fogg la reencarnación del poeta británico? ¿Su aparente poder sobre los elementos no le da atributos divinos? Claro que él es "el Dios de la exactitud"[46]que regresa al Club Reforma el sábado 21 de diciembre a las 8 y cuarenta y cinco de la noche. Tal precisión corresponde al "sitio tal y a la hora tal" o al "día C en la morada del Espíritu Santo" (fecha y lugar precisos) de la cita rosacruz a la que no se debe faltar si no se tiene motivo. Por si fuera poco, las iniciales del Club Reforma se corresponden con las de la doctrina Rosa Cruz invertidas.

Incluso si los secretos ligados al vampirismo[47] y a teorías como "la tierra hueca" y otras no son patrimonio exclusivo de las sociedades secretas, Jules Verne, que está al corriente de todo esto, aprovecha bien la información para utilizarla en sus relatos. Estos temas constituyen la base narrativa del *Castillo de los Cárpatos* y *Viaje al Centro de la Tierra*.

Michel Lamy opina que Verne, así como otros escritores y artistas, pertenecieron a la hermandad secreta llamada "Angélica", especie de sociedad literaria que habría sido creada por los Iluminados de Baviera. La Sociedad Angélica es denominada algunas veces "La Neblina", tal como el héroe de La Vuelta al Mundo (Fogg en inglés significa "neblina").

---

[45] cf. J Chesnaux et al: Le Tour du Monde. Revista de Letras Modernas (RLM). Serie Jules Verne. París. vol 1, p. 104 y capítulo correspondiente a los personajes en el mismo trabajo.
Matías Sandorf y Robur el Conquistador tienen también características de tipo rosacruz.
[46] Jules Verne: LVM, p. 296.
[47] Bram Stoker, autor de *Drácula*, pertenece a la Sociedad Secreta la "Golden Down" de Londres.

Concluimos que los lazos entre Jules Verne y ciertos iniciados son bastante numerosos. Él se dirige, por ejemplo, al doctor Antonio Emilio Blanche, un iniciado, para recibir consejos a propósito de su hijo Michel (obsérvese el nombre de arcángel que también lo llevan sus tres barcos). Félix Nadar, amigo de Verne, es venerable de una logia.

Verne fue adepto en cierta manera del deísmo, pero al final de sus días regresó a la fuente religiosa de su infancia: la religión católica.

Esta revisión biográfica de Verne puesta en relación con la religión es primordial para comprender las innumerables referencias que a este propósito el autor nos presenta en sus novelas, en las palabras y en las acciones de sus personajes.

Cúmulo de variables para entender al Jules Verne esotérico

(Con este ensayo el autor obtuvo una mención de honor en el concurso nacional de literatura Solar, organizado por la Fundación para el Desarrollo de la Cultura del Estado Mérida, FUNDECEM. Fue luego publicado por la revista "Piedra de toque", Universidad de los Andes, Consejo de Publicaciones, Facultad de Humanidades y Educación, Mérida, Venezuela, 2009).

______________OOO______________

A manera de introducción

Mencionar el nombre de Jules Verne evoca enseguida, en innumerables generaciones, entrañables recuerdos, sin importar aquí el país de origen, el credo particular o la lengua de los complacidos y agradecidos lectores pues, por su amplia difusión y traducción en casi todos los rincones del globo terráqueo, el novelista francés sigue fascinando a muchos. No obstante el amplio interés que sus obras puedan generar, la crítica —desde la Academia Francesa de su época hasta los selectos clubes literarios de la actualidad— ha relegado al autor a un segundo plano, lo ha encajonado en los reducidos espacios de la "literatura marginal" y lo ha etiquetado para forzarlo a ocupar minúsculos capítulos de una obra que pareciera estar dirigida casi de forma exclusiva a los jóvenes lectores ávidos de aventura, a los soñadores que quieren volar con su imaginación guiados por el "padre de la ciencia ficción", como lo bautizaran ya hace largo rato los estadounidenses. Esta es la óptica más reducida, la de menor alcance y tal vez la menos interesante que se pueda tener de Jules Verne.

Nos ocurrió como a muchos otros. Primero la curiosidad del niño lector que sueña con embarcarse para acompañar a los héroes de *La Isla Misteriosa* o del *Viaje a la Luna*, luego, con los años, la tentación de "ver más allá" de lo escrito o leer entre líneas con el objeto de acercarnos más al autor y menos a las aventuras de sus personajes (parece que los adultos intentamos siempre complicar las cosas). Después de algunas experiencias y lecturas, decidimos, con el tiempo, emprender una aventura diferente para redescubrir a otro Jules Verne, esta vez desde la arista de la religión y el esoterismo. En este sentido, intentamos en el presente ensayo escudriñar ciertos aspectos de la religión y el esoterismo extraídos de la lectura de algunas de sus novelas más conocidas. Para empezar, en la primera parte, no descuidamos las filosofías y doctrinas en boga durante el siglo XIX que en muy buena hora vinieron a proveer los ingredientes necesarios para que el autor nantés preparara las recetas literarias más exquisitas del género que supo cultivar. Lo del "cúmulo de variables" desarrollado en la segunda parte y que señala el título de este trabajo implica una suerte de abanico temático a manera de circunloquio sobre el Jules Verne esotérico que deseamos presentar aquí. En otros términos, cada punto tratado es un puente que rebasa los límites de la simple crítica literaria para conectarnos con la simbología y las implicaciones esotérico-religiosas muy presentes en la obra verniana, incluidas las nociones de vampirismo, la teoría de la "tierra hueca", el descenso al averno, entre otras.

Del extenso corpus de novelas escritas por el autor francés (más de sesenta componen su colección "Viajes Extraordinarios") hemos seleccionado para este ensayo los siguientes siete títulos cuyas abreviaciones entre paréntesis serán empleadas con frecuencia en este trabajo: *La Vuelta al Mundo en ochenta días* (LVM), *El Castillo de los Cárpatos* (ECC), *Las Indias negras* (LIN), *La Isla Misteriosa* (LIM), *Las Tribulaciones de un Chino en China* (LTCC), *Viaje al*

Centro de la Tierra (VCT) y *Veinte mil Leguas de Viaje Submarino* (VML).

Con el propósito de concluir esta somera introducción recalcamos que aquí no profundizamos el tema que pone de manifiesto la relación entre Jules Verne y las sociedades secretas, sujeto bastante amplio y entretenido como para ocuparnos por largo rato. Apenas presentamos escasos párrafos que sirvan de abrebocas al lector para inducirlo a consultar obras que explotan suficientemente el tema. Por lo demás, el interés mayor es ofrecer una variada gama de información hilvanada con un mismo hilo conductor a fin de guiar al lector por senderos inusitados hacia el descubrimiento de otro Jules Verne del que poco se dice. Luces para alimentar estas líneas han salido de algunos trabajos que hay al respecto, muy en particular los de Michel Lamy quien ha consagrado parte de su investigación a la búsqueda de nexos entre Verne y las sociedades secretas.

I La cuestión religiosa en la obra de Jules Verne

*"La religion n'est autre chose que l'ombre portée de l'univers sur
l'intelligence de l'homme"*

(Victor Hugo)

El concepto de religión se formó a lo largo de la historia de nuestra civilización occidental. Ninguna lengua de los pueblos llamados "primitivos" o de civilizaciones arcaicas, ni griega ni latina, tan cercanas a nosotros, posee un término que dé cuenta y razón de aquello que acostumbramos a llamar "religión". El vocablo latino *religio* se refiere de manera puntual a un conjunto de observancias, prohibiciones, ritos, reglas y ceremonias, pero no tiene la acepción moderna de "religión" que designa en esencia el vínculo del hombre con lo sagrado o de manera más concreta las relaciones establecidas entre aquél y este ente existente fundamental que es Dios. Esta concepción continúa siendo más estrecha en occidente que en oriente, puesto que de este lado del globo ella está muy ligada al cristianismo. Como las civilizaciones, y frente a ellas, las religiones nacen, evolucionan, se afinan, se esclerosan (o se ahogan) mutuamente. Se sitúan en un marco institucional y social y no pueden desligarse del contexto histórico y geográfico.

Desde la antigüedad hacen su aparición las explicaciones del mundo celeste. Filósofos como Epicuro expresan en sus interpretaciones su escepticismo. Los neoplatónicos logran sacar del politeísmo antiguo las bases racionales del monoteísmo. El siglo XVI abre nuevos horizontes y revela nuevas religiones primitivas. Sin embargo, hay que esperar hasta el siglo XVIII para ver aparecer otras interpretaciones: el padre Lafitau relaciona a estos cultos primitivos con los de la antigüedad; De Brosses descubre que se puede buscar el origen de la religión en el comportamiento del hombre. Son puntos de partida para los trabajos emprendidos durante el siglo XIX, alimentados de igual manera por los sistemas filosóficos de la época (Kant, Hegel, Marx, Comte). Marx, y sus sucesores, hacen de la alienación el origen de la religión que no es para ellos sino el reflejo de las impotencias naturales y sociales de los hombres. E. Taylor busca en ella el origen del animismo primitivo (y no el fetichismo), otros en el totemismo (Robertson Smith), en la magia (J. G. Frazer), en los imperativos del orden social (Durkheim), etc. Hoy en día, el intelectualismo ha dado nacimiento a sectas y cenáculos, a manifestaciones de una religiosidad a veces reducida a una creencia sin expresiones muy concretas[48].

Ligados a la religión hay un buen número de nociones (bien, mal, cielo, purgatorio, Dios, premio, castigo) cuya definición y concepción puede variar según las ideologías. Por esta razón, todo lo que pueda decirse a propósito de la religión queda como una "verdad relativa" tanto más cuando se trata de un tema amplísimo y complejo y sobre el que nuestro estudio no pretende ser exhaustivo. La religión, en singular, es el término que nos interesa puesto que alrededor de ella gravita la mayor parte de las ideas de este trabajo. La definición de religión aquí dada conforma el marco teórico que nos permitirá enfocar en buena medida el tema de la cuestión religiosa en la obra de Jules Verne.

La religión católica para la Francia y los franceses del siglo XIX[49]

¿Qué lugar ocupa la religión católica en Francia durante el siglo XIX? ¿Qué rol juega en la vida de un francés de la época? Las respuestas a estas dos preguntas conforman el escenario histórico que envuelve a la Francia que verá nacer a Jules Verne en 1828.

---

[48] *Grand Larousse Encyclopédique*, París, 1964, tomo 9 p. 119.

[49] Patrick Cabanel y M. Cassan: *Les Catholiques français du XVIe au XXe siècle*, París, Édit. Nathan, 1997, p. 63 y sig.

El francés del siglo XIX es testigo de una serie de transformaciones y de eventos que se suceden en el seno de la iglesia mayoritaria del país, la Iglesia Católica, y que tienen una influencia importante en la vida de los ciudadanos de esa cambiante nación. El católico francés demuestra una remarcable vitalidad que se prolonga incluso hasta finales de siglo, animado entre otras cosas, por manifestaciones marianas en apariciones pronto reconocidas oficialmente (cuatro veces entre 1830 y 1870) y que atraen grandes masas en peregrinación[50].

El acuerdo de 1802 da, por un siglo, hasta la Separación de diciembre de 1905, el marco oficial de las relaciones entre la Iglesia y el Estado. Bonaparte obtiene la nominación de los obispos y Roma no conserva sino el derecho de observador. El catolicismo romano es proclamado religión de la "gran mayoría de los franceses", pero cesa de ser la religión de estado. Los sacerdotes se convierten en funcionarios del estado y este último reconoce la utilidad social de las religiones y reserva el espacio necesario para la pluralidad confesional y para el ejercicio de su autonomía.

Bajo el primer Imperio, los franceses verán reducir el número de curas y vicarios. Sin embargo, las ordenaciones pasarán de 500 por año a 2400 en 1832. Se estima que 5000 parroquias serán creadas entre 1825 y 1875 y que unas 200.000 mujeres tomarán el velo a lo largo del siglo XIX. Esta expansión se debe principalmente a los campesinos, más conservadores ellos que los citadinos inmersos en buen número en la industrialización.

---

[50] Largo debate pudiera abrirse aquí muy a propósito de la señalable coincidencia entre un descenso inesperado de la influencia de la iglesia católica o una merma considerable de la fe entre los creyentes (por ejemplo a raíz del Acuerdo de 1802 en el que Napoleón imponiendo más su punto de vista que la opinión del ciudadano común rompe relaciones con el Vaticano) y las llamadas apariciones ensalzadas tremendamente por Roma, en un intento desesperado por levantar el ánimo entre los creyentes y alimentar más la fe.

Los sacerdotes provienen cada vez más del medio rural y de los estratos de condición media o baja. La aristocracia y la gran burguesía alejan a sus hijos de la Iglesia, no así los artesanos y comerciantes que siguen dando muestras de fidelidad. De los más pobres empiezan a ocuparse poco a poco las obras diocesanas de recluta sacerdotal, incluso instituciones secundarias especializadas y gratuitas fundadas por los jesuitas. En ellas los niños serán sistemáticamente separados del resto del mundo y sometidos a una "inculcación" de la vocación y del hábito eclesiástico. Los otros serán acogidos en pequeños seminarios "mixtos" o "puros" según sea que reciban o no a los hijos de la burguesía local preocupada en darle una educación cristiana a sus retoños. Los franceses deben habituarse entonces a una presencia católica que busca ampliar su radio de acción y que gira en torno a varios campos y lugares: farmacias en zonas rurales, asilos siquiátricos, prisiones, hogares para "mujeres arrepentidas" (prostitutas), necesidades escolares de una parroquia, etc.

El rigorismo jansenisante conduce al clero a refutar ciertos ritos y peregrinaciones anclados en las tradiciones populares, a desconfiar del sentimiento, a insistir en el deber, en el pecado y su castigo: el pesimismo y la exigencia hacen que la absolución dada al pecador sea diferida lo que conlleva a los fieles, en particular a los hombres (confrontados a una moral sexual muy rígida, notablemente en cuanto a la contracepción se refiere) a desviarse de los sacramentos que le parecen inaccesibles. Hay, no obstante, algo que equilibra su comportamiento delante del clero: el fiel es extremadamente magnánimo en obras y en dinero. Los franceses son generosos también en hombres, es decir que son una fuente importante que llena los seminarios y las misiones en el extranjero en una época colonialista por excelencia con fuerte demanda de servidores eclesiásticos.

A lo largo del siglo XIX una serie de autores publican obras que cuestionan la religión y que hacen evolucionar la aprehensión muy en particular en los intelectuales. Hacia 1880 la Iglesia comenzará a perder su poder. Los gobiernos la descartan de forma sistemática de la escuela, de la justicia, del ejército, de los hospitales y, por último, del estado en 1905.

Algunos movimientos religiosos y sus representantes durante el siglo XIX[51]

Muy variada es la gama de movimientos religiosos en boga durante el siglo XIX, en particular sectas muy diversas salidas del protestantismo. **El metodismo**, fundado por John Wesly, suscita una renovación de la sensibilidad espiritual y un ardiente movimiento de conversión interior cuyos efectos se prolongarán hasta nuestros días. Joseph Smith, en los Estados Unidos, organiza la **Iglesia de Jesucristo de los Santos de los últimos días**, después del descubrimiento del *Libro del Mormón*. De igual manera, **el adventismo** nace en los Estados Unidos después de los sermones de un granjero autodidacta, William Miller que anunciaba el regreso de Cristo para los años 1843-1844. Los adventistas respetan el *sabbat* como día de reposo bendecido por el Señor y poseen numerosas prácticas de higiene. En 1879 se crea en Boston **la Iglesia del Cristo científico** a cuya cabeza está Mary Baker Eddy quien instituye prácticas de "rearmonización" capaces de "curar los males del cuerpo y del alma". En 1878, William Booth crea el **Ejército de Salvación** muy conocido por sus variadas obras sociales.

A lo largo del siglo XIX la gran corriente piadosa del judaísmo retoma fuerzas. Se trata de un grupo de fieles reunidos bajo el nombre de "Hasadistas" que "aman a Dios y actúan por amor". El

---

[51] Aquí no hablamos de las grandes religiones ya instituidas en el mundo entero sino de movimientos y corrientes religiosas que vieron la luz o experimentaron grandes cambios en el transcurso del siglo XIX.
Cf.: *Les grands Maîtres de la spiritualité,* París, France Loisirs, 1998.

Hasadismo es una forma de misticismo judío fundado sobre una reinterpretación de la cábala.

En Rusia, los **starsi**, muy populares, gozan de un esplendor espiritual que atrae a las masas, incluidos los aristócratas, intelectuales y campesinos. La figura notable de los starsi en la Rusia zarista es el monje Serafín de Sarov, canonizado en 1903. Su pensamiento profundo es conocido gracias a sus *Diálogos con Motilov*.

En este viaje religioso llegamos a la India donde **el hinduismo** en contacto con la civilización cristiana experimenta una necesidad de renovación que termina en un renacimiento tanto filosófico como religioso. Una de las primeras manifestaciones es la creación en 1828 del "Brahma-samâj" por Ram Mohan Roy, llamado "el padre de la India moderna" que preconiza el regreso a la pureza del hinduismo monoteísta de los *Upanishad*. Pero el "Brahma-samâj" no gana su desarrollo sino bajo la dirección de Debendranath Tagore quien dará a la comunidad no sólo su organización sino una confesión de fe monoteísta. Otro movimiento renovador influyente, sobre todo en el norte de la India, "El Arya-samaj", será fundado en 1875 por Dayananda Sarasvati, defensor de una estricta ortodoxia védica deslastrada de toda influencia extranjera. "El Arya-samaj" jugará un importante rol en la unificación nacional de la India. Con todo, la gran figura del hinduismo durante el siglo XIX será sin duda alguna la de Ramakrishna quien busca la verdad a través de la renuncia y la devoción, atrayendo así a numerosos fieles. Su continuador, Vivekananda, introducirá el hinduismo en occidente.

En 1875, el coronel H. S. Olcott y la médium ruso-alemana Helena Petrovna Blavatsky crean en los Estados Unidos la Sociedad Teosófica. El adjetivo "teosófico" designa más que todo una interpretación que procede no tanto de la especulación intelectual sino de una revelación interior.

Religión y religiones en Verne

De manera sucinta podríamos decir que la concepción de Verne respecto a la religión es bastante particular, asumida casi a título personal sin caer en dogmas ni comportamientos grupales. Esto queda ampliamente demostrado en las extensas biografías que del autor se han escrito[52], coincidiendo algunos en sus tendencias esotéricas, pero muy especialmente en su inclinación por "la nueva religión del siglo XIX: "la ciencia". En su obra, el autor va develando su opinión en torno a este, si se quiere, quisquilloso tema que es la religión. Sus personajes, como los colonos de *La Isla Misteriosa* o el propio Profesor Lidenbrock, no practican ningún culto, son seres de carne y hueso que se someten al orden controlados por "la Providencia", por el "Gran Relojero del Universo", por el "Ordenador del Caos", al que piden con sinceridad cuando lo necesitan. Otros como Nemo no tienen temor de Dios; en el Nautilus ni siquiera hay vino, bebida que representa la sangre de Cristo...

En buena medida sus personajes son altruistas, están repletos de bondad y la practican incluso si están apurados dándole la vuelta al mundo en excéntricas apuestas. Otros, como Silfax —el hombre pájaro— en *Las Indias Negras*, encarnan el mal, al ángel caído. Nemo, el más controversial de todos los personajes de Verne, podría ser interpretado de forma similar cuando vemos que sólo toca las teclas negras del órgano, en el momento en que planta su bandera negra en el Polo Sur, cuando siembra el terror en los mares. ¿Es acaso el Neptuno verniano que encarna la venganza? El bien y el mal son conceptos frecuentemente manejados por las religiones modernas en interpretaciones que conducen al premio y al castigo que Verne no deja de lado tal vez forzado por la línea formatriz que le impone su editor Hetzel. Ayrton, el náufrago del Capitán Grant paga sus fechorías en la soledad de la isla Tabor. Passepartout debe pagar la

---

[52] Herbert R. Lottman, J.J. Benítez, David Mayor Orguillés, Serie Caminos Abiertos de la Editorial Hernando, Grandes protagonistas de la Humanidad (Editora Cinco S.A.)...

infracción que comete en la India. El sufrimiento de Kin-Fo (TCC) es una forma de castigo por haber despreciado su vida. El premio, por su lado, es bastante frecuente pues la moraleja educativa de las obras de Verne apunta a la recompensa después del esfuerzo, la abnegación y la constancia. Roberto y María consiguen a su Padre, el Capitán Grant, Fogg halla a Auda y gana la apuesta, Nick Deck se casa con Miriotta (LIN), Axel logra el amor de Grauben (VCT) y Kin-Fo la mano de Le-Ou (TCC).

En cuanto a las religiones como instituciones, Verne, en párrafos enteros casi magistrales, hace alusión a varias de ellas. Por ejemplo en *La Vuelta al Mundo* nos invita a un largo viaje por la tradición religiosa de la India. Nos presenta a los Parsis "los descendientes directos de los sectarios de Zoroastro" y nos lleva a presenciar el largo discurso de un representante mormón durante la travesía de Utah. En *El Castillo de los Cárpatos* hace referencias antisemíticas, por desgracia tan comunes en su época. *Las Tribulaciones de un Chino en China*, el gran ensayo de Jules Verne sobre la muerte, es un recorrido por la milenaria China y sus fuertes raíces religiosas.

Los templos están por doquier, en especial en *La Vuelta al Mundo en ochenta días*. En *Las Indias negras*, Aberfoyle, la gran urbe subterránea, es comparada con una catedral. La capilla de la ciudad lleva el nombre de San Gil, patrón de la Sociedad Angélica (hermandad secreta de tipo masónico para algunos emparentada con "los illuminatti") de la que se dice que Verne era miembro.

Sociedades secretas con tinte religioso o místico[53]

El hombre siempre ha estado tentado por el deseo de penetrar los misterios de la vida, de ir más lejos en su búsqueda personal y de caminar hacia lo invisible a fin de conseguir para su vida un sentido enriquecedor a nivel espiritual. Varias sociedades de

---

[53] René Alleau: *Encyclopedia Universalis*, París, EUF, 1996, tomo 2, p. 206.

orden iniciático encuentran sus orígenes en un misterio interior incomunicable a los profanos. El obispo de Ptolemaida en Cirenaica, Synesius, decía en el siglo V: "*la verdad debe ser mantenida en secreto puesto que las masas necesitan una enseñanza proporcional a su razón imperfecta*". El "secreto iniciático", por su naturaleza misma, no puede ser conocido ni entendido por la razón, él debe ser experimentado, comprendido y vivido supra-racionalmente a través de ritos y símbolos más que por los esfuerzos personales del iniciado. Parece que las cosas no han cambiado mucho desde entonces. Tanto las castas sacerdotales como las altas esferas de ciertas sociedades secretas siguen al pie de la letra las verdades de Synesius. Al fin de cuentas, las élites, por minúsculas que sean, controlan parte del poder que escapa de las manos de las masas.

El propósito de las fraternidades secretas es, ante todo, iniciar al adepto en los misterios y secretos de la sociedad de la que formará parte, proporcionándole los elementos de trabajo (el conocimiento) para que pueda desarrollarse interiormente con la ayuda de "hermanos" más avanzados, casi siempre en un camino que implica jerarquías ligadas éstas, en teoría, a conocimientos y niveles iniciáticos.

Sin ninguna excepción, las sociedades secretas atribuyen la iniciación a una revelación de origen no humano, sobrehumano, celeste o divino. Los ritos de iniciación buscan arrancar, de alguna manera, el neófito de la tierra de su nacimiento e introducirlo en una hermandad sagrada en el seno de la cual él debe resucitar a una vida nueva que apunta a la perfección espiritual y en la que los objetivos materiales pierden importancia.

A lo largo de la historia, las sociedades secretas unifican una serie de actividades muy diversas como las especulaciones teológica y las contemplaciones místicas. En la Edad Media sobre todo, los mercaderes, guerreros y campesinos experimentaban la necesidad de una solidaridad profunda y durable y de una instrucción mutua coronada por el hermetismo. Todos estos grupos, bajo la natural influencia de la religión cristiana, buscaban en un prudente sincretismo la forma de conciliar el respeto que profesaban por sus antiguas tradiciones con la atracción que sentían por la nueva fe. Por otro lado, las órdenes monásticas juegan durante mucho tiempo un rol capital en la conservación de las tradiciones iniciáticas de la antigüedad. En particular, la historia del "compagnonnage" está íntimamente ligada a la de los Benedictinos y Templarios. No será sino a partir de la Reforma que la oposición de la Iglesia Católica, ante las sociedades secretas y el rechazo de sus dogmas, llegue a ser el aspecto de un conflicto abierto que, con sus altibajos, se prolongue hasta la época contemporánea.

No podemos negar que sociedades secretas, y sobre todo la **francmasonería**, tuvieron una gran influencia en la Francia del siglo XIX. La francmasonería se dice ser una orden iniciática tradicional y universal fundada sobre las bases de la fraternidad y la tolerancia en permanente comunicación con lo sagrado. Tiene como meta la perfección de la humanidad y la mejora constante de la condición humana; no acepta ninguna traba y no pone límites en la búsqueda de la verdad y de la justicia. En esta búsqueda de la perfección individual, la francmasonería no pretende convertirse en una nueva religión; no obstante, busca conciliar, ligar los miembros en la fraternidad más perfecta. Es una forma de pensar "cerrada", esotérica, que tiene como expresión vehicular al **símbolo**, un lenguaje mudo que habla sin embargo al que es iniciado, al que comparte la misma concepción espiritual.

Muy a pesar de que en nuestra época haya un interés inusitado por todo lo que concierne al ocultismo, a la búsqueda de "poderes" y a todo lo que implique desentrañar los misterios de lo no develado, la francmasonería no se interesa en ninguna de estas disciplinas. Si bien ella practica una magia trascendental, no se ocupa de los fenómenos de la psiquis, de la videncia, de la mediumnidad. Al contrario, se interesa de manera capital en el desarrollo del hombre espiritual.

El inicio de **la francmasonería en Francia** puede señalarse en 1728 con la fundación de la primera Gran Logia establecida bajo la dirección del Duque de Wharton, antiguo Gran Maestro de la Gran Logia de Londres. La francmasonería, desde su establecimiento en

Francia, fue combatida por el poder real pero sobre todo por la Iglesia católica romana. Desde 1738, el papa Clemente XII condena la masonería, pena que es reiterada por todos sus sucesores, de hecho, la adhesión a la francmasonería conlleva la excomunión. En 1783, una rama disidente de la francmasonería se desliga de la Gran Logia de Francia: El Gran Oriente, de tendencia mucho más laica, racionalista y científica, que jugará un papel político importante bajo la tercera República y que rompe con la tradición religiosa de la masonería inglesa. El Gran Oriente suprime, en 1877, toda mención del Gran Arquitecto del Universo, haciendo cesar la obligación de creer en Dios.

En la política y el ejército la famosa sociedad secreta presta sus servicios a manos llenas. Napoleón I se sirve de las "logias de regimiento" con el propósito de comunicarse mejor con los ilustres de los países conquistados. En suelo extranjero los militares masones reciben a los notables del país y el pensamiento francés se transmite así más fácilmente. Ya no habrá ni ocupante ni ocupado, sino hombres que fraternizan y comparten la misma ideología. A pesar de las opiniones generalizadas, no se tiene ninguna prueba de la pertenencia del emperador a la orden masónica. Hay que reconocer, sin embargo, que la familia Bonaparte tenía grandes relaciones con la francmasonería. El padre, Charles Marie, pertenecía a la Logia de Ajaccio. Muchos de sus hijos serán iniciados masónicos: Joseph, es iniciado en 1783 por la Logia de Marsella "La Perfecta Sinceridad", antes de convertirse en 1804 en Gran Maestro del Gran Oriente de Francia. Luis Bonaparte, futuro rey de Holanda, padre de Napoleón III llega a ser en 1803 Gran Orador del Gran Oriente de Francia. Jerónimo, futuro rey de Westfalia, es iniciado en la Logia "La Paz" del Oriente de Tolón en 1801. En 1810, se convierte en Gran Maestro del Gran Oriente de Westfalia. Jerónimo Napoleón, hijo de Jerónimo, rey de Westfalia, pertenece al Supremo Consejo de Francia. Napoleón, hijo de Jerónimo, sobrino de Napoleón, integra en 1848 la Logia parisina "Los Amigos de la Patria". Pedro Napoleón, hijo de Luciano, sobrino de Napoleón, es en 1848 Oficial de Honor de la Logia parisina "Saint-Lucien". Numerosos mariscales del ejército de

Napoleón son también francmasones: Murat, Sérurier, Brune, Mortier, Kellermann[54].

En cuanto al propio Verne podemos señalar que los lazos con la francmasonería son notables: Juan Macé quien trabaja con Verne en la producción de una colección para niños es miembro de la Logia "Alsacia-Lorena" de París. El músico Aristide Hignard, con quien trabaja en el teatro, es masón. El geógrafo Eliseo Reclus al Verne consulta con frecuencia es miembro de la Logia "El Renacimiento". George Sand amiga del Editor Hetzel y a posteriori del propio Verne tiene vínculos especiales con el polifacético Pierre Leroux[55] y con el pintor Eugenio Delacroix, estrechamente ligado a la Orden Rosacruz del Templo del Grial. El doctor Antonio Emilio Blanche recibe con frecuencia la visita de Verne para discutir problemas inherentes a su hijo Michel. Su amigo Félix Nadar es también venerable de una logia...

¿La ciencia: una religión?

No sólo la masonería sino los viajes, las lecturas, la enciclopedia y muy en particular **la Ciencia** marcada por la corriente positivista de la época van a moldear al famoso escritor. Y es que el siglo de Verne es revolucionario desde el punto de vista científico. Sus "máquinas" existían ya en su época, pero el autor no hace otra cosa sino aumentar sus dimensiones. Verne quiere que el mundo sea técnico, científico y desinteresado y paradójicamente regido por las leyes del dinero, nos dice J.P. Poncey[56]. Incluso los héroes vernianos

---

[54] cf Jean Pierre Bayard: *La spiritualité de la Franc-Maçonnerie*, París, Edic. Dangles, 1982, primer capítulo.

[55] Leroux influido por el sansimonismo estaba en la búsqueda de una nueva religión que suplantara al cristianismo y que difundiera la reencarnación de las almas.

[56] Jean-Pierre Poncy: "Misère de Jules Verne ou l'échec d'un projet", *Revue des Lettres Modernes*, vol.1, p. 63.

entran en el mundo descrito por Marx: Detrás de Fogg y su sangre fría están los "bank-notes" que pueden resolver todos los problemas, Kin-Fo no le "coge gusto" a la vida sino reencontrando su riqueza. Por cierto, en la fortuna del padre de Kin-Fo encontramos el beneficio capitalista por doquier: la fortuna proviene del comercio fúnebre consistente en repatriar a China los despojos de los chinos muertos en California (beneficio); por otro lado la exportación de la fuerza de trabajo china es otro beneficio; la fortuna colocada en San Francisco es un buen negocio bursátil. Es el juego económico y paradójico con la muerte, justo como lo hace la empresa funeraria "La Centenaire". En este sentido, nos dice Jean-Pierre Picot, en *Las Tribulaciones de un Chino en China* se mezclan la historia y la mitología de un pueblo antiguo, el Imperio del Sol y la tecnología capitalista. Por suerte, el calculador Kin-Fo será al final más sensible gracias a la fuga a la que se somete en territorio chino, a la presencia de la bella Le-Ou y a la lección del filósofo Wang.

Figuras emblemáticas, portadoras de saber, ejecutantes de la ciencia son el propio hombre como ser humano y el sublime representante de los números y del conocimiento técnico, **el ingeniero**. El hombre y la ciencia son en Verne el motor que hace girar al mundo. El hombre-héroe no persigue solamente objetivo materiales, él es solidario, busca una comunión con sus semejantes y su objetivo personal es secundario respecto al interés común. Está abierto a la búsqueda de la verdad. Aquí no hablamos del francmasón sino del hombre ideal en Verne. Para acercarnos al núcleo de la verdad verniana, este en Verne es encarnado por el ingeniero, el sabio científico que pone todos sus conocimientos al servicio de la humanidad. En *La Isla Misteriosa* es Cyrus Smith quien realiza "los milagros" gracias a sus conocimientos de física y química. *"Cyrus Smith, caído con su globo sobre una tierra virgen, es el ejemplo de un hombre ingenioso. Reflexiona, busca, encuentra pero se cuida de decir "Hagan como yo". Aporta su conocimiento, instruye al joven Harbert y se hace el Rousseau del Emilio. Es iniciador y no* *redentor*[57]". Verne reconoce que, incluso si el hombre es poderoso e inventivo, hay cosas que le son imposibles de crear, un grano de trigo por ejemplo. Por esta razón, la semilla conseguida por Harbert es guardado con mucho esmero para la buena estación. Incluso los sabios como Lidenbrock reconocen la superioridad divina: "[...] *La bóveda es sólida; el Gran Arquitecto del Universo la ha construido con buenos materiales y jamás el hombre podrá darle alcance*". Sin embargo, hemos visto cómo en *La Vuelta al Mundo en ochenta días* el dominio del hombre sobre la naturaleza es algunas veces posible gracias a sus invenciones. Mr. Fogg, muy a pesar de la mala estación, emprende un viaje con una fe absoluta en sí mismo y, sobre todo, en los medios de transporte de la época. "*La tierra es vencida y más aún cuando el recorrido se hace en un tiempo récord, insignificante, lo que a la vez convierte al hombre en maestro del tiempo y del espacio*[58]". Será pues el hombre el gran demiurgo que modifica su enorme morada, reduciendo las distancias y el tiempo en una mágica acción producto de su ciencia.

Si queremos en realidad tener la opinión del propio Verne respecto al hombre hela aquí: "*Así es el corazón del hombre. La necesidad de hacer una obra que perdure, que sobreviva a él, es el signo de superioridad sobre todo el que vive aquí abajo. Lo que ha fundado su dominación es lo que la justifica en el mundo entero*"[59].

"*La dominación debe ser repartida en proporción de las luces*" decreta Saint-Simon[60] y, en consecuencia, el hombre de la era de la máquina ya no es el magistrado ni el soldado sino el ingeniero, un sabio con conocimientos científicos y técnicos. "*Por intermedio del ingeniero se produce una confusión entre la demanda de saber y*

---

[57] Jean-Paul Dekiss: *Jules Verne: le rêve du progrès*, sl, Découvertes Gallimard, 1991 p. 82.

[58] Simone Vierne: *RLM* (Revue de lettres Modernes), vol 1, p. 92.

[59] Jules Verne: *LIM*, p. 783.

[60] Citado por Alain Froidefond en *Jules Verne, la science en question*, París, *RLM*, 1992, vol. 6, p. 20.
El trabajo de Froidefond estudia la importancia del ingeniero como marca de progreso en la obra de Verne.

una demanda afectiva. El saber se ha convertido en una fuente de poder, el aprender en una fuente de placer[61]". Smith es el líder natural de los colonos; James Starr, el jefe de trabajos de la mina, muy apreciado por los obreros; Nemo, el capitán del equipaje del Nautilus. Los tres tienen algo en común: son ingenieros que utilizan sus conocimientos con propósitos diferentes. El ingeniero es para Verne lo que el mago y hechicero son para los pueblos primitivos.

¿Alabando al ingeniero y a las máquinas que él produce y de las que se sirve con sapiencia, no habrá querido mostrarnos Jules Verne una Ciencia capaz de controlar el mundo cual nueva religión en gestación? Ya decía Jean Rostand que la Ciencia ha hecho de nosotros dioses incluso antes de que merezcamos ser hombres. Sin duda alguna, el conjunto de la obra de Jules Verne es un gran himno a la ciencia y al hombre mismo puesto que este último es el centro generador de descubrimientos y conocimientos. Ella por su parte es tan omnipresente en las páginas vernianas que a veces la narración pierde el gusto literario[62] para ceder paso a largas consideraciones de orden científico y técnico. La ciencia se convierte en Verne en un verdadero culto. Sin ella, las máquinas no tienen ninguna razón de ser, los inventos, ningún objeto, y el hombre debe contentarse con guardar sus interrogantes en el fondo de su corazón. Lo sagrado, como en *La Isla Misteriosa*, siempre tiene el apoyo de la ciencia. Es ésta tan cómplice que Nemo, por ejemplo, aparece rodeado de atributos divinos. Ella es un culto en sí misma puesto que su objetivo es la verdad universal, una verdad jamás vista, que consiste en seguir un método de análisis riguroso de un evento cualquiera a fin de llegar a una explicación, con pruebas de apoyo, y de una manera irrefutable. En Verne, esta verdad hace más fuerte la fraternidad y el amor por el prójimo. La ingeniosidad de Cyrus Smith, su perseverancia, su espíritu de trabajo en equipo, le van a permitir reconstruir un mundo

---

[61] Ibid., p. 23.

[62] Los críticos son conscientes de que muchos lectores "saltan" las largas consideraciones científicas de Verne, especialmente las clasificaciones de flora y fauna de algunas novelas.

fraternal[63]. En efecto, gracias a la cooperación de cada miembro de la colonia y a los aportes de la ciencia, llegan a superar, gradualmente, todos los estadios de la evolución humana haciendo de su isla un pequeño paraíso donde Eva se llama "conocimiento y praxis" a la vez.

El gran templo de la ciencia es el universo entero y la tierra, el primer laboratorio de observación. En este sentido, señala Robert Pourvoyeur[64], antes que los inventos, la preocupación central en Verne es la geografía. Sus héroes recorren el planeta entero, en todos los puntos del globo lo miden y lo observan. El lector visita también, con ellos, los lugares escondidos y acompaña a los científicos en sus experiencias. Por amor a la ciencia, los héroes, siempre fieles y entregados, van bastante lejos en su búsqueda, incluso arriesgando su propia vida. Lidenbrock, consciente de los peligros del viaje, se lanza a la búsqueda del centro de la tierra. Mientras se muestra "un sabio egoísta", la dimensión humana de la novela es pobre, insípida, mejor aún, vacía. Al contrario, cuando expone su lado humano, en su entrega y sacrificio, la novela cobra un matiz más fraternal.

La obra de Verne es una invitación al descubrimiento del conocimiento y una gran iniciadora hacia el mundo científico. Las reflexiones de los amigos de Kin-Fo sobre la ciencia y el conocimiento (LTCC) no son gratuitas:

> –[...] la felicidad está en el estudio y el trabajo. ¡Adquirir la suma más grande posible de conocimientos es buscar convertirse en ser feliz!...
> –¡Y a aprender que, al fin de cuentas, uno no sabe nada!
> –¿No es verdad que ése es el comienzo de la sabiduría?
> –¿Y cuál es el fin?

---

[63] Alain Froidefond: "L'ingénieur et le Sorcier", *RLM*, vol. 6, p. 19.
[64] Robert Pourvoyeur: "Pégase chez Vulcain", *RLM*, vol. 6, p. 33.

–¡La sabiduría no tiene fin! Respondió filosóficamente el hombre de lentes. ¡Tener sentido común sería la satisfacción suprema![65]

Kin-Fo está abierto a la adquisición de conocimientos. Nada puede sorprenderlo puesto que su espíritu, como el de su padre, se muestra optimista hacia las nuevas tecnologías:

Kin-Fo... era un hombre de progreso. Ninguna invención moderna de los occidentales no lo encontraba refractario a su importación. Pertenecía a la categoría de estos Hijos del Cielo, demasiado raros todavía, a los que seducen las ciencias físicas y químicas... El progreso material se había introducido hasta en su interior. En efecto, los aparatos telefónicos ponían en comunicación los diversos espacios de su yamen. Timbres eléctricos también unían las habitaciones de su morada... Se alumbraba con gas... Había adoptado el fonógrafo, recientemente llevado por Edison a su más alto nivel de perfección[66].

En Verne, ya lo hemos dicho, hay una dimensión religiosa y una concepción de Dios personal. Sus personajes son, como él, deístas[67]. Dios, llamado "Providencia", es una entidad poderosa y

---

[65] Jules Verne: *LTCC*, p. 2.

[66] Ibid., p. 48.

[67] **El deísmo** es la doctrina de los que admiten la existencia de un ser supremo, creador del universo, base y sanción moral, pero que rechazan todo culto exterior y toda revelación. El deísmo no es un sistema religioso propiamente dicho, es más bien considerado como una opinión filosófica. Tal como apareció en el siglo XVIII, era según Emile Faguet "un compuesto de ateísmo en formación y de cristianismo en descomposición"[67].

plena de bondad. Para A. Lebois, el reto asumido por Phileas Fogg es un himno de amor a la ciencia y un acto de fe en la Providencia[68] puesto que Fogg tenía ciega confianza en el progreso que lo llevaría sin retraso a su objetivo. Con todo, el protagonista, y por qué no el hombre común, debe también enfrentar a la otra fuerza de la balanza representada por el mal. De hecho, la advertencia fue dada: incluso la ciencia puede ser peligrosa y el orgullo, un mito que roe el corazón de un "sabio loco" como Orfanik (LCC) cuyos experimentos no sirven sino para espantar a los pobladores de Werst y para contribuir con las malas intenciones de Gortz. También la ciencia encierra al hombre en la soledad tal vez en la paradoja de pretender ayudarlo a comunicarse[69]: en su yamen, Kin-Fo está siempre en contacto con el filósofo Wang no a través de conversaciones "persona a persona" sino por intermedio de un tubo acústico.

"La máquina, aumentando el poder del hombre en detrimento de sus capacidades éticas, desarrolla el orgullo del saber que arrastra al hombre inevitablemente a desafiar a Dios. Ella puede virtualmente cumplir una función religiosa al permitir a través de la

---

Por su parte, el teísmo es la doctrina según la cual el principio de unidad del universo es un Dios trascendente a este universo. Hay diversos tipos de teísmo. El teísmo antiguo busca sobre todo un principio de inteligibilidad: Dios es un alma que, sin haber creado el mundo, lo organiza (Platón); más aún, el primer motor del devenir universal, inteligencia pura que se contempla ella misma, separada del mundo que ella no ha creado (Aristóteles). Con el teísmo moderno (San Tomás, Descartes, etc.) Dios se convierte en un principio de existencia: Es un dios personal, infinito, que creó el mundo, actúa sobre él por su providencia y se le manifiesta por revelación[67] .

Datos biográficos permiten concluir que Verne tuvo a lo largo de su existencia un comportamiento deísta.

[68] André Lebois: "Poétique secrète du Tour du Monde en quatre-vingt Jours", *RLM*, vol. 1, p. 26.

[69] Jean-Pierre Picot: "Le Conteur et le Compteur ou Jules Verne entre Science et Sentiment", *RLM*, vol. 6, p. 63.

incursión de la naturaleza, una contemplación más sublime[70]". El Nautilus es una maravilla tecnológica por la que Nemo se siente muy orgulloso. Sin ella, el poder de Nemo se vería entonces reducido por completo. Él es el genio de los océanos a causa de una máquina que se introduce en los misterios de las aguas. ¡Por esto Nemo busca destruirla para proteger al hombre de sus propias invenciones!

Sin lamentaciones, Verne dice adiós a la teología retrógrada del siglo XIX para dar cabida a la ciencia, moldeada por el **positivismo**, "una religión universal".

En esta novísima concepción **la electricidad** se comporta como la fuerza invisible que todo lo mueve. No es para menos que "*la obra de Verne aparezca como el* Cantar de los cantares *de un nuevo Salomón, dedicado a la ensalzar la grandeza exaltadora de un mundo donde triunfan la mecánica y la electricidad*"[71] .

La electricidad, "el alma del universo", para utilizar la definición del autor, es la gran magia de las máquinas vernianas. A causa de su enorme poder, una nube de misterio cubre los prodigios de lo que ella es capaz. Nemo, orgulloso de su Nautilus, se conforma con decir que la electricidad le procura el calor, la luz y el movimiento. En otras palabras, habla de las aplicaciones pero no del origen de esta fuerza. Ella es el rayo nuevo, el fuego del hombre moderno. La reflexión de Verne hace del hombre un nuevo dios. El hecho de producir electricidad, y, en consecuencia, el rayo, no es otra cosa sino convertirse en Zeus, en domador del fuego.

La máquina por excelencia en Verne es el tren, y por extensión, la máquina de vapor, pues ella lleva el progreso, reduce las distancias, integra a los pueblos, transporta la mercancía y, claro está a pasajeros que, como Phileas Fogg, devoran el planeta en poco tiempo. Para los sansimonianos, el tren es el progreso en sí mismo. El tren es sinónimo de velocidad y resultado de una revolución industrial que hace girar el mundo al ritmo de una nueva era: la de la máquina.

---

[70] Volker Dehs: "L'âme de l'Oncle Lidenbrock. Science et religion dans les *Voyages extraordinaires*", *RLM*, vol. 6, p.85.

[71] Alain Froidefond: op. cit., p. 33.

Así, el poder del siglo XIX está marcado por la rapidez de las máquinas y el carácter efímero del transcurrir humano sobre la tierra. "La Vuelta al Mundo es [...] *un himno a la máquina de vapor bajo la doble forma del barco y de la locomotora. La locomoción a vapor asegura el dominio del hombre sobre el globo terrestre y lo libera de la servidumbre del espacio y del tiempo...*" [72]. La harmonía de la naturaleza no se rompe con esta dominación, la vía férrea se adapta a la naturaleza. La novela representa una alabanza a la exactitud y a la regularidad. Su héroe principal, creyendo en la superioridad de la máquina, es él mismo un hombre-reloj, un hombre-máquina que adapta su itinerario al cálculo establecido por el *Morning Chronicle*. Ganar la apuesta significa, pues, decir que el poder de la máquina es incontestable. No obstante, el triunfo no depende apenas de la máquina sino del dinero. El mundo del éxito pertenece a los que poseen el dinero, como ocurre con la mayor parte de los héroes vernianos. La valija de "bank-notes" le abre a Fogg todas las puertas de lo imposible como la ganzúa de los cerrajeros (así lo corrobora el nombre de su valet Passepartout, que pasa por todas partes). El oro alquímico debe ser removido de manera constante y la caldera de las locomotoras debe ser alimentada sin cesar, máxima esotérica de la búsqueda filosofal.

Verne y el Positivismo

Hablar de la relación entre Verne y la doctrina de Comte no implica demasiados riesgos. Podemos constatar perfectamente que las tesis de Comte tuvieron buena acogida en Verne.

La idea de la preponderancia de la industria, por cierto inseparable de la ciencia, que había acercado a Comte hacia Saint-Simon, se muestra con claridad en *Veinte mil Leguas de Viaje*

---

[72] J. Chesneaux et al: Jules Verne et le Tour du Monde, París, RLM, vol., 1976, p. 11.

Submarino. El Nautilus es el producto de la industria siderúrgica más avanzada del siglo XIX: *"su quilla fue forjada en el Creusot, su arboladura de hélice en la Pen & Co. de Londres, las planchas de su casco en la Leard, de Liverpool, su hélice en la Scott, de Glasgow. Sus bodegas fueron fabricadas por Cail &t Cie de París, su máquina por Krupp, en Prusia, su espolón en los talleres de Motala, en Suecia, sus instrumentos de precisión por la Hart hermanos, de Nueva York"*[73].

En todos los dominios, la cartilla positivista es recorrida por Verne en sus obras. No sin razón Michel Serres dice que los *Viajes Extraordinarios* son el *Curso de Filosofía Positiva* para uso de todos, incluidas las ciencias exactas y las ciencias sociales. Sumergido en el espíritu positivista, Verne va a los límites de la bibliografía: la agota, cita listas, y rescribe haciendo el tour de una verdadera búsqueda documental. Su obra ha permitido, en cierta medida, crear en sus lectores el hábito de adquirir un conocimiento enciclopédico de las ciencias promulgadas por el positivismo. *"Tuve la suerte, nos dice Verne en una entrevista con el periodista americano Robert Sherard en 1893, de entrar en el mundo en un momento en el que existían los diccionarios sobre todo tipo de tema posible. Me bastaba encontrar en el diccionario el tema sobre el cual buscaba información, y listo..."*[74].

En el positivismo, hay seis ciencias fundamentales: las matemáticas, la astronomía, la física, la química, la biología y la sociología, pero son las matemáticas las que, por supuesto, proporcionan las formas y los marcos del razonamiento necesario para las otras ciencias[75]. Y claro que las matemáticas son las invitadas de honor para Verne. Las cifras y los cálculos se encuentran esparcidos en sus párrafos como las manchas blancas de la bóveda celeste en una noche estrellada. Tomemos un ejemplo: Fogg es un

---

[73] Jules Verne: *VML*, p. 106.

[74] Jean-Paul Dekiss: op. cit., p. 146.

[75] Lafont-Bompiani: *Dictionnaire biographique*, París, SEDE, 1964, tomo 1, p. 337.

híbrido entre la máquina y el hombre. Es la "*verdadera mecánica que funciona como un reloj matemáticamente cronometrado. Para ir de Saville-row al Reform Club, coloca mil quinientas setenta y cinco veces su pie derecho delante de su pie izquierdo y mil quinientas setenta y seis veces su pie izquierdo delante de su pie derecho...*"[76]. *De la Tierra a la Luna* es un cuaderno de apuntes lleno de cálculos fascinantes.

Verne parece admitir la famosa fórmula de Comte: "Saber para prever" puesto que este principio asegura la sobrevivencia de los colonos en *La Isla misteriosa*[77]: "Y en efecto ellos "sabían", y el hombre que "sabe" logra allí donde otros vegetarían y perecerían inevitablemente[78]".

El sueño comtiano de una religión de la humanidad no es extraño para Verne. El tercer estado propuesto por Comte[79], el positivo, es visto como el futuro de la humanidad. De aquí la necesidad de una religión que reemplace al reino de Dios por el reino de la humanidad. Así, gracias a la ciencia, el hombre, al dominar cielo y tierra, viola todas las leyes divinas y naturales y a veces se siente igual a Dios[80]. El hombre es el centro generador de cambios, el inventor de las máquinas que retan a la naturaleza, el que va a sus entrañas para sacar sus minerales y agotarla.

Cyrus Smith nos hace pensar en el Mesías sansimoniano pues sin él los colonos estarían perdidos. Su ciencia se revela entonces como la salvación en medio de una isla salvaje, poniendo su inteligencia y sus técnicas al servicio de su "pequeña humanidad" para salvarla de las garras de la muerte.

---

[76] Jules Verne: *LVM*, p. 30.

[77] Volker Dehs: op. cit., vol. 6, p. 88.

[78] Jules Verne: *LIM*, p. 250.

[79] Comte propone tres estadios en la evolución de la ciencia: el estado teológico en el que los poderes divinos sirven al hombre como principio de explicación y de acción, el estadio metafísico en el que los poderes divinos son reemplazados por fuerzas impersonales y abstractas, finalmente el estadio positivo.

[80] Simone Vierne: op. cit., p. 94.

Para poner término a esta referencia-resumen sobre el positivismo en Verne habría que señalar que la Trinidad positivista está constituida por tres elementos esenciales: El Espacio (el Gran Medio), la Tierra (el Gran Fetiche) y la Humanidad (el Gran Ser), elementos objeto de estudio en todas las novelas del escritor nantés.

El mito y las creencias populares

La concepción verniana de la religión cobra un gusto particular con la adición de dos nuevos ingredientes, a saber: El mito y las creencias populares.

El mito es una narración relativa a un evento primordial y de naturaleza sagrada que para una civilización determinada supone ser el origen de la existencia de las instituciones y de las técnicas indispensables en la instauración y mantenimiento del orden social. Para la sociología, el mito no es vivido como una ficción, ni siquiera simbólica, sino como la expresión auténtica de una historia que, fuera del tiempo, da cuenta y razón del advenimiento en el tiempo de situaciones respecto de las cuales se ordena la vida colectiva. Todos los mitos son, entonces, mitos de origen. Es una narración de eventos primordiales, de aventuras que relatan el origen del mundo, de los dioses y los héroes. Este carácter, en la más alta seriedad del mito, tiene su correspondiente en la seriedad de los ritos que con frecuencia son la recapitulación simbólica de los eventos originales destinada a perpetuar el espíritu que los mueve[81].

Entendemos por **creencia** en un individuo, un grupo, un pueblo, una civilización o una época, el objeto mismo de la persuasión común o de la convicción íntima. Una definición básica apuntaría a decir que la creencia es sencillamente lo que uno cree y creer obliga a pensar en estar convencido de que algo es verdadero, real. Se designa comúnmente por creencia las diversas concepciones

---

[81] *Dictionnaire Encyclopédique Quillet*, París, Édit. Quillet, 1986, p. 4504.

de la realidad que de esta forma se profesan; pero como estas creencias tienen relación con la vida de los hombres, se entiende también por creencias las reglas reconocidas de manera espontánea por la vida social o individual. La creencia tiende a ser confundida con la fe religiosa o con las concepciones religiosas en la medida en que éstas o aquéllas son la base de las creencias que se apoyan en el carácter de legitimidad y de obligación de las reglas de vida. Pero esta creencia-objeto, si podemos hablar en estos términos, no borra un sentido más antiguo, más fundamental, según el cual la creencia es la acción misma de creer, el crédito, la confianza dada a alguna opinión; es entonces el polo subjetivo de la persuasión o de la convicción el que debemos subrayar; la palabra, harto empleada en singular, nos señala el compromiso del hombre en la persuasión que él tiene de que algo sea verdadero o real[82].

Las novelas de Verne crean una especie de fascinación gracias a la ingeniosidad de sus máquinas, pero también al encanto y a la magia del mundo fantástico. Este provoca un sueño que lleva al espíritu más allá de nuestras fronteras. *"No sabemos muy bien si el Castillo de los Cárpatos es animado por una maquinaria o si está habitado por el diablo, si el Nautilus pertenece al mundo de los navíos o al de los monstruos marinos"*[83].

A pesar del deseo permanente de Verne por mostrarnos el progreso científico y la presencia reciente de la máquina en la vida del hombre, el autor concede también importancia a lo fantástico y al mundo de las leyendas y supersticiones. Todos los fenómenos en principio inexplicables de sus novelas tienen una razón de orden científico y racional, las creencias y supersticiones populares están presentes para prestar un servicio a lo fantástico y porque, así lo creemos, Jules Verne quiere voluntariamente mostrarnos este mundo de tradiciones que, al fin y al cabo, es el alma de los pueblos.

---

[82] *Encyclopédiae Universalis*, París, EUF, 1996, p. 871.

[83] Michel Lamy: Jules Verne, initié et initiateur. París, Edic. Payot, 1984. p. 14

El Castillo de los Cárpatos está inundado de relatos de este tipo:

> El "pope" y el magistrado, éste encargado de la educación de los niños, aquél dirigiendo la religión de los fieles, enseñaban estas fábulas en las que ellos mismos creían firmemente. Afirmaban "con pruebas en la mano" que los hombres-lobo corrían por el campo, que los vampiros, llamados estriges... chupaban sangre humana, que los "staffii" erraban a través de las ruinas y se convertían en malhechores si uno olvidaba llevarle durante la noche bebida y comida. Hay hadas y "babes" de quienes hay que cuidarse de encontrar los martes y viernes, los peores días de la semana. Aventúrese, pues, en las profundidades de estos bosques del condado, bosques encantados donde se esconden los "balauri", estos dragones gigantescos cuyas mandíbulas se aflojan hasta las nubes, los "zmei" de alas desmesuradas que raptan doncellas de sangre real y las de menor linaje cuando son bonitas...[84].

Alrededor del castillo, "donde vive el Chort", hay una densa nube de leyendas que lo protegen de la mirada y la presencia de los indiscretos. *"Propagaba a su alrededor un espanto epidémico, como una ciénaga insalubre propaga miasmas pestilentes. Acercarse apenas un cuarto de milla hubiese sido poner en riesgo la vida en este mundo y la salvación en el otro"*[85]. La lista de ejemplos es larga[86] y ella sirve para establecer un corpus del que Verne saca un provecho

---

[84] Jules Verne: ECC, p. 26

[85] Ibid., p. 27.

[86] ver Jules Verne: ECC, pp. 28, 36, 53, 86, 89, 101...

extraordinario. Es capital señalar que al lado del creyente se encuentra siempre la figura racional que intenta explicar de otra manera los fenómenos, es el caso, en la misma novela, de Franz de Telek. *"Pienso que este país es muy supersticioso, dice Franz, que los inquilinos del castillo lo saben, y que, de esta forma, han querido evitar la visita de inoportunos"*[87]. Si, aquí, agregamos la voz del narrador, la balanza se inclina a favor de la racionalidad, del espíritu meramente positivista: *"Que el lector tenga a bien colocarse en una disposición de espíritu idéntica a la de las gentes de Werst, entonces ya no se sorprenderá de los hechos que van a ser relatados ulteriormente. Yo no le pido de creer en lo sobrenatural sino de acordarse que esta población ignorante cree en ello sin reserva"*[88].

Las Indias negras constituyen una pequeña enciclopedia de las creencias en Escocia cuyo resumen se encuentra en el capítulo VI:

> [...] Es todavía el país de los espíritus y de los que regresan del más allá, de los duendes y de las hadas. Allá aparecen siempre el genio malhechor[...], el "seer" de los Highlanders, quien, gracias a un don especial, predice las próximas muertes, el "may Moullach", que se muestra bajo la forma de una joven de brazos velludos previene a las familias de las desgracias que las amenazan, el hada "Branshie", que anuncia los eventos funestos, los "Brawnies", a quienes se confía la guardia del mobiliario doméstico...[89]

Estas innumerables narraciones vienen de la boca de Jack Ryan, una especie de trovador que canta las leyendas y las tradiciones

---

[87] Jules Verne: ECC, p. 132.
[88] Ibid., p.47.
[89] Jules Verne: LIN, p. 58.
cf., pp. 59, 60, 104, 108, 110, 125, 198...

escocesas adonde quiera que va. Para él, todos los misterios de la mina encuentran una razón en los seres fantásticos. Al contrario, Harry Ford no admite para los eventos físicos ninguna explicación sobrenatural. He aquí de nuevo el espíritu racional frente a al supersticioso. El último termina por convencerse de que los misterios no son consecuencia de las fuerzas sobrenaturales. Jack Ryan es una persona simple que no tiene las mismas preocupaciones que Harry. "Bienaventurados los pobres de corazón pues de ellos será el Reino de los cielos" dice el Nuevo Testamento. En el mismo sentido vemos a Jack Ryan dirigirse a Harry en los términos siguientes: "¡Mi pobre Harry!... ¡Si hicieras como yo y dejaras todo esto por cuenta de los duendes de la mina, tendrías el espíritu más tranquilo![90]

---

[90] Jules Verne: LIN, p. 138.

II Cúmulo de variables para comprender al Jules Verne Esotérico

"Je ne me fie quasi jamais aux premières pensées qui me viennent"
Descartes

a) El Infierno y el descenso al averno

Concebido desde la antigüedad como un mundo subterráneo sin luz, la imagen del infierno se vuelve, por intermedio de la teología cristiana, imagen de un lugar de expiación destinado a los pecadores difuntos que en él deben sufrir tormentos por la eternidad. También es la morada del diablo. El castillo de los Cárpatos es, sin mucho reflexionar, la residencia del diablo en Transilvania. Alejado y protegido de los curiosos, el castillo está reservado para ser penetrado por pocos, en particular por iniciados como el Conde de Telek. El descenso de su escalera nos recuerda al triste Orfeo en la búsqueda de su bella Eurídice, máxime si el personaje mítico, en este caso Franz, sale del infierno sin la compañía de su amor. La Stilla está bien muerta y lo que Franz ve no es sino una ilusión, un espejo, y una voz grabada en el fonógrafo puesto en marcha por Orfanik, nombre que nos recuerda de nuevo el héroe griego.

Para Axel (VCT) se trata de un descenso lleno de peligros a pesar de que el viaje a principio se muestra carente de dificultades: Es el *"facilis descensus averni* de Virgilio"[91] . En términos literales, Axel desciende hacia las entrañas de la tierra, al mundo subterráneo en busca también de su Eurídice (recuérdese que su querida Grauben le ha pedido que emprenda el viaje pues a su regreso será un hombre, igual que su tío, que estará en libertad de hablar, de obrar, preparado pues para recibir su amor...).

Por curiosidad, el ingeniero Smith (LIM) desciende solo hacia el pozo de la *Granite-House,* pero por desgracia para él, no

---

[91] Jules Verne: *VCT,* p. 156.

encuentra nada. Llamado por el capitán Nemo, desciende a la caverna con sus compañeros. Esta vez conoce los misterios del príncipe Dakkar y recibe de este último un tesoro de valor inestimable. Los colonos comienzan el descenso después de medianoche, guiados por un hilo eléctrico y por las sabias observaciones de Smith del que podríamos adelantar que es clarividente pues señala a sus compañeros, como si lo hubiera sabido, que un medio de transporte estaría a su disposición. En efecto, encuentran una canoa en la cual se embarcan. A este punto es inevitable no citar al Caronte griego, a "la otra ribera" o simplemente al más allá adonde no se llega sino montado en una barca. El recorrido en la caverna va a llevarlos al Nautilus y, claro está, al Capitán Nemo, el ángel caído.

En *Las Indias negras*, las referencias al Averno son constantes y claras. Jack Ryan, con su espíritu supersticioso, al percibir la oscuridad de los pozos no duda en exclamar: *"¡Iré cuando sea más oscuro en las fosas que en lo más profundo del infierno!* "[92]. Por su parte, Harry Ford, decidido a aclarar el misterio de la mina confiesa a Jack su voluntad de descender al abismo. Tal vez, sin quererlo, Harry se convierte en Orfeo puesto que regresa con Nell, el buen espíritu de la mina, la solitaria joven que ha vivido toda su vida en la oscuridad y nunca ha visto la luz del sol. Desciende, pues, Harry, con la ayuda de una cuerda en medio de la oscuridad y del silencio absoluto. A su regreso, Harry —su Eurídice en brazos— se ve atacado de manera encarnizada por un enorme pájaro. A fin de golpear al ave, Harry blande su cuchillo con la mala suerte que daña la cuerda la cual comienza a ceder poco a poco, *"a más de cien pies por arriba del fondo del abismo"*[93]. Está al borde de la muerte pero un esfuerzo sobrehumano salva su vida, y la de Nell. Logra así arrancarle un alma al infierno.

---

[92] Jules Verne, *LIN*, p. 118.
[93] Ibid. p. 149.

b) Códigos y mensajes cifrados

Con bastante frecuencia, las novelas de Verne comienzan con un mensaje cifrado que, en general, es la clave de la obra. El mensaje del pergamino de Saknusemm (VCT) engendra una gran conmoción en Lidenbrock quien, siguiendo las instrucciones decodificadas, va a emprender una aventura personal hasta las entrañas de la tierra. Exceptuado el código, el mensaje de Saknusemm no difiere de los utilizados por los Rosacruces y masones quienes se sirven del alfabeto del 18º grado (jeroglifos) o del alfabeto de los Tres Grados Simbólicos. Escrito en caracteres rúnicos, codificado en latín, descifrado en francés/alemán, el mensaje del alquimista nos conduce a la historia de la civilización occidental. En primera instancia el pasado sagrado de los druidas, enseguida, el gran imperio de los romanos y la religión católica y, por último, la historia contemporánea. Es un texto en latín escrito al revés. No podríamos dejar de pensar en Leonardo da Vinci y sus métodos de escritura... El texto también contiene palabras en inglés, hebreo y francés que Axel descubre. En su conjunto el texto puede considerarse como la reproducción en miniatura de la novela.

El autor juega con retruécanos, anagramas, metagramas y palíndromos para dar un segundo sentido al relato. Se dice por ejemplo que Clovis Dardentor está muy ligado al misterio de Rennes-le-Château. Con todo es el criptograma el preferido de Verne. Piénsese en la gran aventura de Los Hijos del Capitán Grant muy ligada al mensaje que descifra el sabio Paganel.

c) El espacio, el círculo

Real o irreal, siempre existe una extensión física bien precisa en Verne. Sin duda, Verne rinde un homenaje y privilegia a la noción del tiempo. "El tiempo devora al espacio", dice Marie Hélène Huet. El espacio es el planeta Tierra devorado por la ciencia y su máquina de vapor. Mientras que la Tierra es cada vez más pequeña y accesible, los inventos científicos se perfeccionan cada vez más. En estas contadas líneas vamos a considerar en particular la circularidad del espacio en Verne. Michel Serres define la obra de Verne como un "ciclo de viajes cíclicos". Y a decir verdad, **el círculo** es una constante evocación en el autor que nos ocupa en el presente ensayo. Esta enorme "bola" a la que llamamos Tierra es recorrida por todos los héroes vernianos. Ya no es inaccesible pues los medios de transporte, ahora más seguros y sofisticados que nunca antes, facilitan los trayectos a recorrer. Fogg hace el "tour"[94], el círculo de la tierra para regresar al punto de partida subrayando la circularidad, no sólo geográfica, sino de la obra en sí misma. El título de la novela evoca esta circunscripción espacio-temporal, de su completud circular. "[Fogg] *describía una circunferencia. Era un cuerpo grave recorriendo una órbita alrededor del globo terrestre según las leyes de la mecánica racional*"[95]. Por cierto la palabra "círculo" se nos recuerda bajo la acepción de "club" (miembros del círculo). Creemos simplemente que se trata de un recordatorio: es una palabra clave en la novela. Aquí podría abrirse un largo paréntesis que pondría de manifiesto la pertenencia de Fogg a algún círculo u orden esotérico como los rosacruces. Fogg es miembro del Club Reform (RC: Rosa Cruz), durante su viaje se hospeda en Japón en el Hotel del Club, una suerte de sucursal de su logia. El eminente miembro tiene comportamientos que lo acercan a los maestros masones y rosacruces (su forma de hablar, de saludar, dar la mano, sus movimientos, etc.). En otro ejemplo, observemos la descripción de la representación de los juglares del grupo de las narices-largas en el circo donde trabajará Passepartout durante algunos días:

> Aquél reproducía por medio de trompos *giratorios* las combinaciones más inverosímiles bajo su mano, aquellas zumbantes maquinillas parecían animarse con

---

[94] Da la "vuelta".

[95] Jules Verne: *LVM*, p. 80.

> vida propia en sus interminables *giros*[...];
> daban vueltas sobre el borde de vasos de
> cristal, trepaban por escaleras de bambú[...],
> los *giraban* en el aire[...] y los seguían *girando*
> siempre; los metían en el bolsillo, y cuando los
> sacaban todavía *daban vueltas...*[96]

El círculo es el símbolo geométrico más importante y extendido cuya forma nos recuerda la apariencia que muestran el sol y la luna. Según los filósofos platónicos y neoplatónicos, el círculo representa la forma perfecta por excelencia. Platón describía también "La Isla de la Atlántida" como un país compuesto de anillos concéntricos en los que se alternaban el agua y la tierra[97]. Los héroes de Verne circulan sin cesar. ¿No se estarán comportando como pequeños Ulises que recorren lugares conocidos y desconocidos? En su Odisea, llegado a la tierra de los cíclopes, Ulises, ante la pregunta de Polifemo, dice llamarse "Nadie", el mismo nombre que toma para sí el Capitán Nemo[98].

El conjunto de la obra de Verne es una pequeña enciclopedia que se comporta como un círculo puesto que todas las palabras claves reenvían a otras, siempre en este espacio escrito que agrupa todo el saber humano. Es un gran juego, un rompecabezas dedicado al conocimiento.

También la narración verniana es a veces bíblica; el ciclo de la historia del mundo, visto por analogía, se acaba por un cataclismo, un diluvio: los héroes de *La Isla Misteriosa* recomienzan a partir de cero y representan la gran obra que recorre la historia de la humanidad antes de que la isla termine destruida por un volcán. Luego reinician el ciclo en otra parte. Verne remonta la espiral del tiempo en una búsqueda incesante del origen, nos dice Michel Lamy.

---

[96] Ibid., p. 152. Itálicas nuestras.

[97] *Encyclopédie des Symboles*, p. 110.

[98] La N de Nemo podría reenviarnos a la Negación de sí mismo y a su color preferido, el Negro.

En *Viaje al Centro de la Tierra*, nos lleva en un recorrido por la historia del planeta y de la humanidad: Las plantas y los animales antediluvianos se presentan a Axel como en un viaje en el tiempo; y el ancestro del hombre que está ante sus ojos representa este deseo de encontrar el eslabón perdido de nuestro origen.

De manera esquemática, el viaje de Axel es un desplazamiento de un punto cualquiera de la circunferencia hacia el centro desde donde irradia la energía universal, lugar de equilibrio de los puntos cardinales. En el recorrido desde Islandia Axel sale del círculo para lanzarse al centro del compás. Salir del círculo, de la rueda del Samsara, significa iniciarse. Axel lo logra. Su recorrido es, desde el punto de vista de la escritura, circular: parte de la Königsstrasse y regresa a la misma calle. Sin embargo, acercándose al centro de la Tierra, recorre el arco de una circunferencia ya que no logra arribar al centro propiamente dicho, expulsado por un volcán en Italia.

En cuanto a la línea recta, ella es, según lo que hemos visto, casi inexistente en Verne. En La Vuelta al Mundo en ochenta días, el autor nos hace la siguiente referencia al respecto:

> Dos horas eran suficientes para visitar esta ciudad absolutamente americana y como tal construida bajo el patrón de todas las ciudades de la unión, vastos tableros de damas de largas líneas frías con "la tristeza lúgubre de los ángulos rectos"[99], según la expresión de Víctor Hugo. El fundador de la ciudad de los Santos no podía escapar a esta necesidad de simetría que distingue a los anglosajones. En este singular país, donde los hombres no están ciertamente a la altura de las instituciones,

---

[99] Como los templos masónicos.

todo se hace cuadrado, las ciudades, las casas
y las tonterías[100].

El ferrocarril americano contornea el flanco de las montañas, no busca en la línea recta la ruta más corta de un punto a otro, no violenta la naturaleza[101]. El conjunto de los desplazamientos en apariencia rectos es en verdad, mejor aún y paradójicamente, una circunferencia puesto que, habiendo realizado una travesía hacia el este, Fogg llega al punto de partida. Como Kin-Fo en su permanente escape, Fogg parece ser un compás.

d) El padre y la madre

El padre encarna por lo general la autoridad suprema, más aún, la divinidad. El padre en Verne es prácticamente ausente. Creemos haber dicho que el padre físico no puede jugar el rol de iniciador. Esta carencia se compensa por un sustituto que se convierte a la vez en padre, padrino iniciático y maestro guía.

Un buen número de personajes, habiendo perdido a sus progenitores en su infancia, deben enfrentarse solos a la vida, como Kin-Fo, o bien, estar bajo la tutela de cualquiera, es el caso de Axel. Todo esto sea tal vez reproducción inconsciente de la infructuosa relación del autor con su propio padre con quien los conflictos fueron permanentes.

Entre Silphax y Nell (LIN), falta el padre[102], la generación perdida de la que Verne no nos habla. Al ser salvada por Harry, la joven Nell gana unos padres en las figuras de Madge y Simón, padres de Harry: *"Madge había brindado a Nell una simpatía completamente maternal. En cuanto al viejo jefe de la mina casi lo*

---

[100] Jules Verne: *LVM*, p. 226.
[101] Ibid. p. 216. Una máxima esotérica nos dice que la naturaleza no da saltos (la física y la espiritual).
[102] Recuérdese que Silfax es el abuelo de Nell.

toca la locura"[103]. Luego, cuando Nell está preparada para su viaje iniciático hacia la superficie de la tierra, hay que señalarlo, ni Madge ni Simón Ford la acompañan, sólo sus guías y maestros.

Para los colonos de la Isla Lincoln, la sublimación del padre es encarnada en el ser misterioso y benefactor, el Capitán Nemo. "*El padre sublime desaparece, la Isla, tan maternal, es destruida... Gracias al padre sublime, se podrá revivir en el mundo normal de los humanos, en América, en un sustituto real de la Isla maternal... en Iowa, y el padre es en definitiva el padre de la realidad, el ingeniero Smith*"[104].

El tema del padre ha sido bien estudiado en Verne. De resumirlo, podríamos decir que hay, muy probablemente, una dimensión autobiográfica que se muestra con cierta timidez en su narración: Pierre Verne, un padre biológico reticente con el cual afloran muchos conflictos personales y Hetzel, un padre espiritual y literario. ¿Y qué decir de sus propios conflictos con su hijo Michel? ¿Verne mismo no busca un refugio en la escritura y en sus viajes cortos para escapar no sólo de su padre biológico con el que nunca tuvo buena relación sino de su propio hijo que le brinda dolores de cabeza a granel y del que nunca ha sabido encargarse en una paternidad tal vez no bien recibida? ¿No será *Un Capitán de quince años* su hijo ideal?

Llegamos a la madre, el símbolo más poderoso de la tierra y del mar que da nacimiento a la vida. En un sentido estrecho, la tierra aparece como el lugar de concepción y nacimiento de sus campos, sus jardines, sus rocas, sus cavernas... Ella es, frecuencia, considerada como la sabiduría que corona la comprensión, la benevolencia[105].

Descender a las entrañas de la tierra es, de alguna manera, reencontrar a la madre. Axel, huérfano, parte en la búsqueda de la Tierra-madre (o la Madre-Tierra), de la madre natura. En este mundo de grutas, de minas, de cavernas, de abismos, hay un "regressus ad

---

[103] Jules Verne: *LIN*, p. 156.
[104] Simone Vierne: op. cit., p. 49.
[105] *Encyclopédie des Symboles*, p. 408.

uterum", a la cavidad amniótica de la tierra (no olvidemos los lagos, mares y ríos subterráneos en *LIN, LIM, VCT*...). La presencia materna es, luego, más simbólica que real. "La Granite-House", en el calor y la protección de un hogar, es el útero terrestre donde habitan los colonos de *La Isla Misteriosa*.

e) La Naturaleza

e.1) El sol, el día, el solsticio

El sol que se levanta todos los días al Este es el símbolo de la inmortalidad y de la resurrección. Al sol se le asocia con el oro de la transmutación alquímica. El reenvía a la idea de la manifestación espiritual y de la victoria de la luz sobre las tinieblas. El sol es fuente de luz y energía.

En Verne, la presencia del sol es capital. En *Viaje al Centro de la Tierra*, la sombra proyectada por el Scartaris permite encontrar el camino correcto el día del primer solsticio. La salida de los héroes de *La Isla Misteriosa* tiene lugar algunas horas antes del solsticio de verano. El grano de trigo, en la misma novela, es sembrado un día de solsticio. El regreso de Fogg es previsto para el 21 de diciembre, día del solsticio de invierno. No creemos que se trate del azar. El solsticio es una fiesta solar celebrada por numerosas culturas antiguas y heredada por las disciplinas esotéricas modernas. Al parecer Verne estaba muy bien informado a este respecto.

Si Nemo es un sol negro, Fogg es el Sol en sí mismo el que, según la tradición antigua, gira en torno de la Tierra (es el llamado movimiento aparente). *"Cumplía racionalmente su órbita alrededor del mundo, sin preocuparse de los asteroides que gravitaban alrededor suyo"*[106]. Daniel Compère nos dice que la astronomía es de

---

[106] Jules Verne: *LVM*, p. 141.

gran utilidad para observar a Phileas Fogg[107] . "*Era un cuerpo grave que recorría una órbita alrededor del globo terrestre, según las leyes de la mecánica racional*"[108]. Es un sol que se desplaza, a la inversa de nuestro sol, hacia el Este.

Indirectamente el nombre de Nell, nos dice Michel Lamy, está asociado al sol. Ha sido privada del sol desde su nacimiento (hasta el momento en que Harry la lleva a descubrir su luz en la superficie de la tierra). ¿Acaso no se compone su nombre de una N de la negación, como la de Nemo, y de Hel, el sol en lengua céltica, así como el Helios de los griegos? (El Hell céltico designa a la morada de los muertos y en inglés significa "infierno")[109].

e.2) La luz

La luz es un símbolo universal de la divinidad y de la espiritualidad. La religión persa antigua atribuía propiedades divinas al reino de la luz, mientras que el de la oscuridad responde al de las potencias maléficas. El atributo principal del sol es el fuego, imagen constante a lo largo de *La Vuelta al Mundo*. De hecho, mientras Fogg y Passepartout dan la vuelta al mundo, una llama prende sin cesar en la casa de Saville-row. Auda, arrancada del fuego, reemplaza la flama de la morada de Fogg en Londres. Cerrar la llave del gas que alimenta la llama desde hacía ochenta días es lo primero que hace el valet al llegar a la casa de Saville-row. Passepartout, que representa el agua, y que ha ejercido la profesión de bombero, personifica así el elemento opuesto de su maestro: el fuego.

También encontramos la luz de la noche, el sol de medianoche, para aquellos que bien saben "mirar", con los ojos

---

[107] *RLM*, vol. 1, p. 47.

[108] Jules Verne: *LVM*, p. 80.

[109] Es bueno recordar aquí que la "h" en francés es muda y por ende se corresponde a un cero fónico que le da peso a la interpretación.

cerrados, la belleza de la noche. Para un no iniciado como el doctor Patak, en El castillo de los Cárpatos no se ve nada sino formas extrañas: *"Hubiésemos dicho especies de monstruos, dragones con cola de serpiente, hipogrifos de largas alas, krakens gigantescos, vampiros enormes, que se mataban por asirlo con sus garras o tragárselo con sus mandíbulas"*[110].

e.3) La luna

Desde el punto de vista simbólico y junto al sol, la luna es el astro más importante. Tiene un aspecto femenino a pesar de que en algunas culturas orientales ella pueda poseer un carácter masculino para expresar la inversión de polaridades. A la luna no se la asocia solo al mundo nocturno del más allá sino también, en razón de la similitud de las fases lunares y el período menstrual, a la idea de la fecundidad. En la alquimia occidental, la luna simboliza la plata. De la conjunción Luna-Sol va a nacer el hijo real, equivalente al oro filosofal y al Hijo eterno.

Verne nos habla de la Luna siempre que ocurre un evento significativo para los personajes. El momento en el que Cyrus Smith se da cuenta de que los colonos se encuentran en una isla coincide con el creciente de la luna. Después de haber observado el cielo estrellado, a la espera de la luna, el ingeniero anuncia a Harbert que él determinará la posición exacta de la isla, dato que será de vital importancia para las decisiones que deban tomar los colonos en caso de encontrarse cerca de un continente. El equivalente de la Osa Polar en el hemisferio sur es la Cruz del Sur a la que, algunos días antes, y como en especial ritual rúnico, el ingeniero *"saludaba en la cima del monte Franklin"*[111]. El rescate de Auda se hace cuando la luna está en

---

[110] Jules Verne: *ECC*, p. 87.
[111] Jules Verne: *LIM*, p. 172.

su última fase. El desastre inminente del Castillo de los Cárpatos es anunciado por la luna que sube en el horizonte.

Por otro lado, la reina de la noche se asocia a los malos espíritus, a la brujería y al vampirismo: *"Frik era mirado como un brujo, un evocador de apariciones fantásticas. Podríamos oírlo decir que los vampiros y las estriges le obedecían; y si le creyéramos, lo encontraríamos, en el ocaso de la luna, en las noches oscuras, como se ve en otras regiones al gran bisiesto, montado a caballo sobre la compuerta de los molinos, hablando con los lobos o soñando con las estrellas"*[112].

La iniciación de Nell es acompañada por la luna que se levanta del horizonte. *"¡La luna, exclamó Jack Ryan, magnífico disco de plata que los genios celestes hacen circular en el firmamento y que recoge todo un montón de estrellas!"*[113].

Al dividir el tiempo en fases lunares, el astro de la noche será determinante en *Las Tribulaciones de un Chino en China*. Wang, el filósofo, redacta "Las cinco vísperas del centenario", un resumen simbólico de la vida de Kin-Fo que sigue el recorrido de la Luna en la bóveda celeste. Prisionero de los Taipings, Kin-Fo debe pasar varias pruebas incluida la carencia de luz pues se le ha encerrado herméticamente. Cuando abren su jaula, le colocan una cinta larga a los ojos antes de ser presentado a sus amigos quienes lo esperan con los brazos abiertos. Sin lugar a dudas se ha realizado así otra iniciación masónica.

e.4) La noche

---

[112] Jules Verne: *ECC*, p. 7. En mitología, la estrige es un monstruo con la cabeza de mujer y el cuerpo de rapaz (aves de presa, generalmente de los órdenes Falconiformes y Estrigiformes), que se suponía chupaba la sangre de las jovencitas.

[113] Jules Verne: *LIN.*, p. 179.

La noche no se trata de la simple ausencia de la luz del sol, de manera simbólica está ligada a la plena oscuridad de los misterios, y por qué no al seno materno protector. En la mitología griega era representada por la gran Nix, madre de la muerte.

Los viajes de Nick Deck y del conde de Telek hacia el castillo de los Cárpatos se producen durante la noche y las pruebas de este último tienen lugar durante la oscuridad. Con todo, el momento más terrorífico de la noche es la medianoche, *"la hora horrorosa entre todas, la hora de las apariciones, la hora de los maleficios"*[114]. Nemo, rey de la noche, domina las siempre sombrías profundidades marinas...

e.5) Lo negro

En Europa, el negro es un color "negativo". Al diablo, por ejemplo, se le representa con más frecuencia en negro que en rojo. En la alquimia, la negrura designa la materia primordial que debemos transmutar en la obra de la piedra filosofal. Esta tierra negra es también una tierra fértil de la que debemos extraer por operaciones sucesivas la fecundidad escondida y el espíritu que en ella se encuentra.

Cuando Axel se pierde en la galería, en medio de sus angustias, el terror se apodera de él puesto que su lámpara se ha roto al caer quedando, pues, a la merced de la oscuridad. Les tiene miedo a las tinieblas, temor de entrar al reino de la oscuridad:

> [...] No osaba cerrar los párpados temiendo perder el mínimo átomo de esta claridad fugitiva. A cada instante me parecía que iba a desvanecerse y que "lo negro" me invadiría. Finalmente una última luz se desprendió de la

---

[114] Jules Verne: *ECC*, p. 87.

lámpara. La seguí, la aspiré con mi mirada, concentré en ella todo el poder de mis ojos, como si fuera la última sensación de luz que se les hubiera permitido experimentar y quedé sumergido en la inmensidad de las tinieblas. ¡Qué grito de horror se escapó de mí!... La oscuridad absoluta hacía de mí un ciego en toda la acepción de la palabra[115].

Ciego y en la soledad total: el desierto esotérico para prepararse a la iniciación. En *La Isla misteriosa*, para descender al mundo subterráneo, hay un pozo, de igual forma oscuro, por el que Cyrus Smith se introduce en el misterio de la isla.

El mundo oscuro y las tinieblas son el reino de Nemo, el reino de la oscuridad y las sombras. En el polo sur, Nemo planta una bandera negra marcada con la inicial N, doble negación de Dios: el color negro es el símbolo de satán y de la conquista "debajo" de la tierra, el polo antártico. Nemo es el rey de los océanos, y representa todo lo que está por debajo de la tierra. Saluda y da órdenes al sol vespertino del polo el 21 de marzo, el día del equinoccio de otoño en el hemisferio sur: "*¡Adiós, sol!, dijo, ¡desaparece, astro radiante! ¡Acuéstate bajo este mar libre y deja a la noche de seis meses extender sus sombras en mi nuevo dominio!*"[116].

El mundo negro de Nell, visto desde su bondad y sus ojos puros, es hermoso. Las "vagas luces" que ve en las tinieblas forman parte del "sol de medianoche" que sólo las almas puras pueden contemplar...

e.6) Las nubes, la neblina

---

[115] Jules Verne: *VCT.*, p. 217.
[116] Jules Verne: *Veinte mil leguas...*, p. 366.

Para rendir homenaje al nombre del héroe de *La Vuelta al Mundo*, las alusiones a la neblina son frecuentes incluyendo las nubes, el vapor, el humo y las brumas. De hecho el nombre de Fogg, caballero inglés a carta cabal, significa "Neblina", referencia clara al nombre de la sociedad secreta a la que algunos autores dicen que pertenecía Verne. La nube, simbólicamente marca la entrada al conocimiento, a través de ella podemos contemplar lo escondido, el secreto que nos conduce al alma. Un buen ejemplo para ilustrar esta interpretación se encuentra en el capítulo XIV. Habiendo dejado al señor Cromarty en Benarés, Phileas Fogg continúa su viaje por el valle del Ganges. La descripción, precisa, nos reenvía a la religión budista y a sus divinidades. *"Todo este panorama desfiló como un rayo pero casi siempre una nube de vapor tapó los detalles"*[117].

En *El Castillo de los Cárpatos*, el descubrimiento de una humareda que escapaba de la torre marca el principio de una historia rodeada de misterio.

La niebla simboliza al otoño. Es el medio inquietante en el que se manifiestan los espíritus. En Europa central, la neblina se muestra propicia para las actividades con seres demoníacos y simboliza la incertidumbre del hombre frente al porvenir y al más allá, que sólo la luz puede calmar. ¿Acaso no estaría Orfanik preparando sus maléficas recetas en los intersticios del castillo?

e.7) Los elementos

Sabemos que los elementos se comportan, frente al iniciado, como pruebas simbólicas o reales. Cuando no son dominados de manera debida se convierten en verdaderos adversarios o en un enorme peligro.

Después de la tempestad en *Viaje al Centro de la Tierra*, el colérico Lidenbrock culpa a los elementos de haber conspirado en su

---

[117] Jules Verne: *LVM*, p. 116.

contra: *"El aire, el fuego y el agua combinaban sus esfuerzos para oponerse a mi paso"*[118]. La impaciencia y, por qué no su orgullo, lo obligan a retar a la naturaleza: *"Y bien, se sabrá de lo que puede hacer mi voluntad. No cederé, no retrocederé ni una línea, ¡y veremos quién ganará si el hombre o la naturaleza! De pie sobre la roca, irritado, amenazador, Otto Lidenbrock, semejante al indómito Ajax, parecía retar a los dioses"*[119]. Al final, es la naturaleza la que resulta victoriosa. Una lucha espectacular entre los elementos se describe en el penúltimo capítulo de *La Isla misteriosa*: un combate entre el agua y el fuego. Esta lucha permanente de los elementos que se engendran y se destruyen perpetuamente obedece a una ley universal según la cual todo se transforma, todo se recrea de forma constante.

A manera de información complementaria agregamos que cada elemento corresponde a un grado diferente de la iniciación: el fuego a la iniciación primera y la purificación; el agua a la religión; el aire a la filosofía; la tierra a la vida material.

En *Las Indias negras*, Verne nos recuerda los peligros de la mina, y sin quererlo tal vez, nos da la lista de los cuatro elementos: derrumbes (tierra), incendios (fuego), inundaciones (agua), explosiones de mofeta[120] (aire) pura que golpean como el rayo.

e.8) El agua, la lluvia, el lago, el mar, el río

En numerosos mitos de creación del mundo, el agua es la fuente de toda vida. Sin embargo, para varias civilizaciones, los estanques, mares y lagos son considerados como morada de los espíritus de la naturaleza, de las nixes, de los espíritus de las aguas o

---

[118] Jules Verne *VCT*, p. 299.
[119] Ibidem.
[120] Ese gas pernicioso que se desprende de las minas y sitios subterráneos, comúnmente ácido carbónico o carburo de hidrógeno.

de los demonios acuáticos cuyo poder amenaza sin cesar la vida del hombre. El agua, eso lo sabemos, es un elemento purificador.

En Verne, el agua, en particular la subterránea, opina Simone Vierne, representa al líquido amniótico. En el mar interior de una cueva se encuba el Hijo eterno: Axel y Nell son dos buenos ejemplos. Piénsese en el mar interior de *Viaje al Centro de la Tierra* y en el propio lago de *Las Indias negras*, ambos están en el interior de sendas cavernas cual útero materno (ocurre lo mismo en la última morada de Nemo, atascado en un lago subterráneo). El agua salada, elemento purificador e iniciador, borra en Nell las huellas del reino de las tinieblas. Ella se convierte en una hija del Dios de la luz. Kin-Fo recibe también su bautismo precipitándose al Pei-Ho detrás de su maestro. El de Axel tiene lugar cuando se baña antes de comenzar la travesía.

Dominada el agua se convierte en una fuente de vida inagotable. El océano da a Nemo y a su equipaje todo lo necesario para vivir y a su Nautilus, la electricidad indispensable para producir el calor, la luz y el movimiento. El mar es también, por compensación, una fuente de muerte. A él van a parar los cadáveres del equipaje del Nautilus y en sus profundidades mueren las creaturas más débiles devoradas por las más poderosas. Es, pues, ciclo de eterno renacimiento.

e.9) La tierra (hueca), la caverna, la mina, la isla, la piedra

Convertirse en Hijo eterno de la Tierra es el origen de la alquimia. Con su calor ella modifica metales en su seno, es ella quien transforma el cristal en diamante como evoluciona también el embrión en feto y luego en un bebé listo para el nacimiento. Bajo cualquier forma, la tierra constituye un receptáculo. Ella es la madre de la que Nell y Axel llegan a ser los hijos eternos. Axel, el metal trabajado, es expulsado de su vientre, como la roca tallada de los alquimistas, la lava candente purificada que sale al encuentro del mundo. No en vano el autor nos guiña el ojo mostrando un diamante de colosal tamaño en las entrañas de la tierra.

La teoría de la tierra hueca nos la recuerda Axel en estas palabras: "*Me acuerdo pues de esta teoría de un capitán inglés que comparaba la tierra con una vasta esfera hueca en cuyo interior el aire se mantenía luminoso a causa de la presión, mientras que dos astros, Plutón y Proserpina, trazaban en ella sus misteriosas órbitas*"[121]. Esta teoría supone, muy lejos todavía de la tendencias científicas actuales, que nuestro planeta es una esfera hueca en su interior. No olvidemos que esta teoría es admitida sin reservas en muchos medios esotéricos. ¿Por qué Verne quiso presentárnosla?

Hablar de la Tierra quiere decir hablar de la isla, y por extensión, de la madre porque retirarse a una isla es efectuar un "regressus ad uterum" y buscar en sus orígenes el principio primordial que renovará nuestra vida. Es difícil interpretar de otra manera la experiencia de los colonos de la Isla Lincoln; las referencia simbólicas en *La Isla Misteriosa* son bastante numerosas, en este sentido, para confirmar esta hipótesis. Coal-City es un mundo al revés, nos dice Michel Serres, "*Es un microcosmos cerrado, al que nadie abandona como si se tratara de un espacio insular. Una isla es una extensión de tierra rodeada de agua por arriba del agua; Coal-City es una extensión de agua rodeada de tierra, por debajo de la tierra*"[122]. He aquí el mundo invertido de Harry Ford, el enorme abismo de la ciudad de carbón.

La Tierra es encarnada por una diosa-madre. La Tierra es considerada como el origen de toda fecundidad y riqueza que de ella proviene. En efecto, en la isla misteriosa, su tierra, será fecundad por un grano de trigo que Harbert encuentra en su bolsillo. El trigo se multiplicará, será la simiente bendita que dará el añorado pan a los colonos, el cuerpo del Salvador.

---

[121] Jules Verne: *VCT*, p. 236.
[122] Michel Serres: op. cit., p. 28.

e.10) El aire, el viento

El aire es uno de los cuatro elementos fundamentales. Es de esencia masculina e imprime un carácter de ligereza, de ductilidad y de inteligencia activa. Ligado al soplo que anima a todas las cosas, el aire es un enigma de la creación, un principio de vida. Es el soplo que Nell recibe en su ascensión a la superficie de la tierra; el mismo aire vivificante que permite a Franz continuar su búsqueda en el castillo, o bien el aire dador de vida en el Nautilus.

e.11) El fuego, el volcán

El elemento fuego no sólo calienta y alumbra, sino que también puede devorarlo todo en un incendio, quemando lo que encuentre a su paso, hecho que lo relaciona estrechamente con el sufrimiento y la muerte. Posee, entonces, una doble significación. Del lado positivo, es el símbolo sagrado del hogar doméstico[123]. Del lado negativo, al fuego se le asocia con las imágenes de las llamas del infierno, del incendio, de las destrucciones producidas por los rayos y por el fuego del volcán salido del interior de la Tierra.

El mundo de Cyrus Smith está muy ligado al fuego[124]. Cyrus es Prometeo que, con su ciencia, roba el fuego a los dioses y con su nitroglicerina hace temblar a la Isla:

> Una gavilla de piedras voló por los aires como si hubiese sido vomitada por un volcán... Los colonos fueron lanzados al piso... ¿Pero sabe bien usted señor Cyrus que este líquido encantador que usted ha fabricado podría hacer volar a toda nuestra isla? Sin duda alguna, la isla, los continentes y la tierra

---

[123] La hoguera.

[124] Cyrus (Ciro) evoca a los reyes de Persia que pusieron en peligro a la civilización griega. Smith quiere decir "herrero" en inglés.

misma, respondió Cyrus Smith. No se trata
sino de una cuestión de cantidad[125] .

El castillo de los Cárpatos es destruido por una explosión de dinamita. *"Una gavilla de llamas se elevó hasta las nubes y una avalancha de piedras cayó sobre la ruta del Vulkán"*[126]. Fogg, en su lucha contra sí mismo, ordena quemar el *Henrietta*. El fuego de las calderas será revivido por la madera del barco y de todo lo que de él pueda arder; la llama tiene que seguir ardiendo para darle la victoria. Es una tetralogía de los elementos en estrecha relación: el fuego, al devorar la madera, aumenta la presión de vapor (aire) para así surcar con celeridad las aguas que lo separan de su tierra natal. En *Las Indias negras*, historia en la que no hay volcanes, Verne habla en un sentido figurado: *"Parecía que uno estuviera en la boca de un volcán extinto"*[127]. Con todo, en la misma historia se produce un estallido de mofeta que representa un hecho comparable a la explosión volcánica. ¡Qué obsesión por el volcán y por el fuego!

Después de la historia del fósforo[128] contada en detalle, sabremos que el fuego obtenido por este medio no va a durar mucho tiempo. Por esta razón, Cyrus Smith se propone "robarle" el fuego a los dioses con los lentes de su reloj. El fuego será el aliado para las experiencias alquímicas de Cyrus Smith.

El fuego es purificador. Nemo anhela que lo mate un rayo, a fin de darse de esta manera una muerte digna. Tal vez arrepentido, Nemo quiere la muerte para recibir de Zeus el castigo por haberse opuesto a su voluntad y al orden del mundo. Encerrado, confinado en su Nautilus y en una caverna que los ha atascado, Nemo, cual Prometeo encadenado, vive solo sus últimas horas a la espera de la

---

[125] Jules Verne: *LIM*, p. 230-231.
[126] Jules Verne: *ECC*, p. 234.
[127] Jules Verne: *LIN*, p. 36.
[128] Es el pasaje (cap. V) de *La Isla misteriosa* en el que se hace el descubrimiento de una cerilla que proporciona fuego momentáneamente a los colonos.

muerte. Para Gedeón Spillett, el poder que Nemo posee lo convierte en "maestro de los elementos".

Aunque el fuego es un elemento útil al hombre para hacer el bien, en la tradición es indispensable en la brujería y en la magia negra como nos lo dice el propio Maestro Koltz, en *El Castillo de los Cárpatos*[129].

Claro que no hay que olvidar "al hombre de fuego" descrito en *Las Indias negras*. Es llamado "el penitente" puesto que lleva una suerte de hábito de monje y en su cara tiene una máscara. Su cabeza está cubierta por una gruesa capucha. Su trabajo, bastante peligroso, consiste en destruir el gas nocivo. Antes de la invención de la lámpara Davy, nos dice Verne, el último de los penitentes de la mina era Silphax, el ser malhechor de la Nueva Aberfoyle, responsable de los incendios y de otras maldades.

f) Los vampiros y la sangre

Mucho se ha dicho y escrito sobre Transilvania, la historia del conde Vlad y, claro está, sobre los vampiros. *Drácula*, el libro de Bram Stoker escrito en 1890, es tal vez la narración más conocida sobre el particular. La novela cuenta la historia del conde Drácula, convertido en vampiro para ser inmortal. En su búsqueda innoble y negra de la vida inmortal, el vampiro chupa la sangre de sus víctimas. *"Este poder sobre el tiempo es la inversa de otra forma de inmortalidad, la de los rosacruces, como el conde de San Germain, quien, hecho bastante remarcable, era como Drácula, originario de Transilvania"*[130].

El Castillo de los Cárpatos es una narración a propósito el conde Drácula a la manera de Verne. Los Cárpatos forman parte de las regiones supuestamente sede del culto al vampirismo. El castillo

---

[129] Jules Verne: *ECC*, p. 53.
[130] Michel Lamy: op. cit., p. 171.

de los Cárpatos, ubicado en el *comitat* del Kolosvar, se encuentra muy cerca del castillo de Drácula. La historia de la fortaleza y de su propietario marcha a la par con la del pueblo de los Dacios implicados en el origen de las costumbres vampíricas en Europa central.

La figura del pastor es muy particular. Verne quiere, con toda probabilidad, hacernos comprender que el pastor es un chamán ligado al vampirismo: los vampiros y las estriges le obedecen. Vendía encantos y contras. Como pastor, se entretenía con los planetas; discute con las estrellas, lee del cielo. Tiene dones sobrenaturales, posee maleficios... en fin, semejante introducción nos sitúa en un ambiente de misterio propicio para presentarnos a otro personaje oscuro: Rodolphe de Gortz, cuya historia ancestral no difiere mucho de la del conde Drácula ni de Vlad III, el modelo histórico:

> Los barones de Gortz eran señores del país desde tiempos inmemoriales. Participaron incluso en estas guerras que ensangrentaron a las provincias transilvanas; lucharon contra los húngaros, los sajones, los szekklers... tenía como divisa el famoso proverbio valaco: "Da pe maorte", "¡dar hasta la muerte!", así lo hicieron, y regaron su sangre a la causa independentista, esta sangre que les venía de los rumanos, sus ancestros[131].

El último de los señores de Gortz es el barón Rodolphe. Solo en el mundo, deja su castillo a la edad de veintidós años. *"Todos los suyos habían caído de año en año, como las ramas de un roble secular, al que la superstición popular achacaban la existencia misma de la fortaleza"*[132]. Dado por muerto, regresa luego de haber

---

[131] Jules Verne: *ECC*, p. 23.

[132] Ibid., p. 24 Al principio de la historia, el roble de la fortaleza no tiene sino tres ramas que anuncian, según Frik, la desaparición del castillo Michel

recorrido los centros líricos más importantes de Europa. Para el doctor Patak, ir a dilucidar el misterio del castillo es "querer tentar al diablo". Nick Deck agrega: *"Hay que creer que el barón Rodolphe es el Chort, pues no es sino el Chort el que pudo tratarme de esta manera"*[133]. *La opinión de Frik respecto a la humareda vista en la torre del castillo, no es tan dispareja: "¡[Es] el Chort[...] y allí tenemos a un malvado que más sabe alimentar el fuego que apagarlo!"*[134]. La fortaleza es tan misteriosa como su propietario y, según los pobladores de Werst, *"no dudaban que abrigaba dragones, estriges, y por qué no también espíritus regresados del más allá pertenecientes a la familia de los barones de Gortz"*[135].

Nick Deck es tal vez víctima del vampirismo: *"Había perdido conocimiento. Los miembros tiesos, el rostro exánime, su respiración apenas le levantaba el pecho... una parte de su cuerpo había quedado paralizada, como si hubiera sido víctima de la hemiplejia"*[136]. ¿No es acaso la Stilla una muerta viviente? Por cierto, la cantautora muere en el Teatro San Carlos después de haber visto *"un extraño rostro, de largos cabellos canosos, con ojos de llama [...] y una cara de aterradora palidez"*[137], la del Barón de Gortz. ¿No se tratará más bien de una resucitada?: *"¡[Franz] se dejaba arrastrar por la ardiente contemplación de esta mujer a quien creía nunca más volver a ver y que, sin embargo, estaba allí, viva, como si algún milagro la hubiese resucitado ante sus ojos! "*[138]. No sin razón, Verne nos hace una descripción bastante aterradora de Orfanik, el compañero del Barón de Gortz:

Lamy ve aquí una relación entre el árbol de espanto del castillo de los Gigantes de Alberto Rudolstadt, descendientes de los reyes de Bohemia, en *Consuelo* de George Sand.

[133] Ibid., p. 165.
[134] Ibid., p. 45.
[135] Ibid., p. 26.
[136] Ibid., p. 109.
[137] Ibid., p. 149.
[138] Ibid., p. 229.

> ¿Qué edad tenía, de dónde venía o dónde había nacido? Nadie hubiera podido responder a estas tres preguntas. Era uno de estos sabios desconocidos... que sienten aversión por el mundo[...] Orfanik era[...] delgado[...] con uno de estos rostros pálidos[...] Como seña particular, usaba un tapaojos negro sobre su ojo derecho... y sobre su nariz, un par de gruesos lentes cuyo único vidrio de miope servía a su ojo izquierdo, alumbrado por una mirada verduzca. Durante sus paseos solitarios, gesticulaba como si conversara con algún ser invisible que jamás le respondiera[139].

¿Es pues un ser cuyo origen se pierde en la noche de los tiempos? ¿Un adepto del vampirismo? Curioso es mencionar que ingentes héroes vernianos no tienen una edad definida, mejor aún, no aparentan la edad que poseen. Es el caso de Orfanik, Fogg, James Starr, Nemo, etc. ¿No serán poseedores del elixir de larga vida? De ellos casi nunca se conoce su origen, no tienen ancestros y, por lo general, poseen fortunas abrumadoras de las que es imposible explicar el origen. ¿Conocen los secretos de la transmutación del plomo en oro?

Claros estamos que el ingrediente científico es omnipresente a todo lo largo de la novela y que la ciencia es la causa de los fenómenos inexplicados a principio del relato. No obstante, así lo creemos, Verne tiene la intención de mostrar, de una manera más o menos discreta, esta faceta de la historia de Europa central.

Dando un salto a *La Vuelta al Mundo en ochenta días* la compañía japonesa de acróbatas que encuentra Passepartout es bastante extraña. La descripción de los juglares nos hace pensar en las características físicas de un demonio de los infiernos etruscos: llevan un espléndido par de alas en sus espaldas y lo que los distingue en

---

[139] Ibid., p. 143.

especial es su extensa nariz que adorna su cara. Los "narices-largas, vestidos como heraldos de la Edad Media conforman una *corporación* a cuya cabeza encontramos al "honorable" William Batulcar, nombre que nos recuerda a una de las creaturas que la tradición ha señalado como portadores de malos presagios: el murciélago ("Bat", en inglés significa murciélago. Verne, hablando del afiche de la compañía, nos señala con claridad: "así estaba este afiche redactado en inglés"). Al diablo, en el arte, se le representa con alas de murciélago pues también teme a la luz el fatídico animal. ¿Azar?

Para completar este rompecabezas he aquí un dato biográfico interesante: Los tres barcos de Verne y el nombre de su hijo es Miguel, el arcángel líder de los ejércitos de Yahvé y de Israel y jefe de guerra vigoroso a la cabeza del ejército de ángeles, vencedor del Dragón del Apocalipsis. El emblema de Vlad el Empalador es el Dragón, y su padre formaba parte de la Orden del Dragón Derribado bajo la cual combatió a los turcos. En el simbolismo cristiano, el dragón es la encarnación de Lucifer vencido por el arcángel Miguel. Cabría preguntarse si Verne era devoto del Santo o simplemente buscaba la protección del Arcángel...

Ponemos fin a este viaje por el mundo religioso y esotérico de Jules Verne citando un proverbio chino de los innumerables presentes en *Las Tribulaciones de un Chino en China*:

Cuando los sables estén corroídos y las layas lustrosas
Cuando las prisiones estén vacías y llenos los graneros
Cuando los escalones de los templos sean usados por los fieles y los pasillos de los tribunales cubiertos de yerba estén
Cuando los médicos vayan a pie y los panaderos a caballo
El imperio estará bien gobernado[140].

---

[140] Jules Verne: *LTCC*, p. 29.

Bibliografía

- Alain Froidefond et al: *Jules Verne, la science en question*, París, Revue de Lettres Modernes, 1992, vol. 6.
- André-Marie Gérard: *Dictionnaire de la Bible*, París, Le Grand Livre du Mois, 1998
- Daniel Compère et al: *Jules Verne, émergences du fantastique*, París, Revue des Lettres Modernes, 1987, vol. 5.
- Dictionnaire Encyclopédique Quillet, París, Édit. Quillet, 1986.
- Enciclopédie de Symboles, París, France Loisirs, 1996.
- Encyclopédia Universalis, París, UEF, 1996, tomo 2.
- Fernand Comte: *Les grandes Figures des Mythologies*, París, Le Grand Livre du Mois, 1998.
- Grand Larousse Encyclopédique, París, 1964, tomo 9.
- Herbert R Lottman: *Jules Verne, Grandes Biographies Flammarion*, sl, 1996.
- J. Chesneaux et al: *Jules Verne et le Tour du Monde*, París, Revue des Lettres Modernes, vol. 1, 1976.
- J. Parada: *Una mirada al mundo religioso de Jules Verne*, Edic. Alcaldía de Girardot, 2005.
- Jacques Maritain: La Philosophie Morale, París, Ediciones Gallimard, 1966.
- Jean Pierre Bayard: *La Spiritualité de la Franc-Maçonnerie*, París, Et. Dangles, 1982.
- Jean-Paul Dekiss: *Jules Verne: le rêve du progrès*, sl, Découvertes Gallimard, 1991.
- Jules Verne: *L'Île Mystérieuse*, París, Le Livre de Poche, 1984.
- Jules Verne: *Le Château des Carpathes*, París, Le Livre de Poche, 1991.

- Jules Verne: Le Tour du Monde en quatre-vingts Jours, Manchecourt, Pocket Classique, 1998.
- Jules Verne: *Les Indes Noires*, París, Edit. de Poche, 1997.
- Jules Verne: *Les Tribulations d'un Chinois en Chine*, París, Le Livre de Poche, 1995.
- Jules Verne: *Vingt mille Lieues sous Les Mers*, París, Maxi-Poche, 1994.
- Jules Verne: *Voyage au Centre de la Terre*, Le Livre de Poche, 1984.
- *L'Humanité à la Recherche de Dieu*, New York, Watch Tower Edit., 1990.
- Laffont-Bompiani: *Dictionnaire Biographique des Auteurs*, París, SEDE, 1964.
- Laffont-Bompiani: *Dictionnaire de Personnages*, París, SEDE, 1970.
- Lafont-Bompiani: *Dictionnaire biographique*, París, SEDE, 1964, tomos 1 y 2
- *Le Maxidico*, Dictionnaire Encyclopédique de la Langue Française, París Edic. de la Connaissance, 1996.
- *Les grands Maîtres de la Spiritualité*, París, France Loisirs, 1998.
- Michel Lamy: *Jules Verne, Initié et Initiateur*, París, Edic. Payot, 1984.
- Michel Serres: *Jouvences sur Jules Verne*, París, Editions de Minuit, 1974.
- Patrick Cabanel et M. Cassan: *Les Catholiques français du XVIe au XXe siècle*, París, Edit. Nathan, 1997.
- Pierre Ripert: Dictionnaire des Citations de la langue française, París, Maxi-Poche, 1995.
- Simone Vierne: *Jules Verne: Mythe et modernité*, París, Puf-écrivains, 1989.
- Werner Hilgemann et H. Kinder: *Atlas Historique*, París, France Loisirs, 1997.

El autor

JOSE GREGORIO PARADA R.: (Bailadores, Venezuela, 1968) Licenciado en Letras, Mención Literatura Hispanoamericana y Venezolana (Universidad de Los Andes) (1996). Maîtrise d'Espagnol (1997) y DEA en Literaturas Nacionales Comparadas francesas (1999) en la Universidad François Rabelais de Tours, Francia. Doctor en Lengua y literatura francesas por la Universidad de Niza Sophia Antipolis (2013).

Fue profesor titular de lengua y literatura francesas en la Universidad de Los Andes. Ejerció también labores de enseñanza, entre otros, en la Universidad François Rabelais de Tours, Francia, y en la Alianza Francesa de Monterrey, NL, México. También ejerció como Lecturer de español y francés en la Universidad de Washburn, Kansas en los Estados Unidos. Fue profesor Asistente en la Muskingum University, Ohio, USA. Colaborador para varias revistas internacionales. Ha reeditado sus libros a través de Amazon. Se ha especializado en el estudio de la obra de Jules Verne muy particularmente de la simbología y ha hecho análisis textométrico del corpus del mencionado autor.

Otras obras del autor sobre Jules Verne:

-*Jules Verne menos ficción más humanidad* (biografía), Kindle Direct Publishing. ISBN: 9781549971877).

-*Les voyages extraordinaires* sous le regard des statistiques lexicales. Kindle Direct Publishing. ISBN: 9798515139674. 2021.

-*La gran biografía de Jules Verne* (biografía). Kindle Direct Publishing. ISBN: 9798775504830.

-*Jules Verne y la Francmasonería. Las Sociedades Secretas y su simbología en los Viajes Extraordinarios*. KDP, 2022.

Si te ha gustado este libro, no te olvides de contribuir con tu opinión a través de la encuesta de valoración de Amazon KDP tras haber realizado tu compra. Deja tu reseña o review y envíanos un correo a **paradarjgregorio@gmail.com** En agradecimiento a ese gesto que nos valora como autores te estaremos obsequiando por este medio la versión electrónica de un libro de nuestra autoría.

§§§

_________________O_________________